不廢一點怎麼多上一天班？

TO. 謹獻給：

肝苦人＿＿＿＿＿＿＿＿＿＿

目錄

3 各行各業的心酸血淚

4 上班族，原來如此

1

請大家多多指教！
雖然6點一到
我就要立刻閃人

"

今天就到這邊囉，
我要下班了

"

/ 上班族壓力指數測試 /

☐ 上班時間 = 痛苦的時間

☐ 沒辦法發自內心稱讚公司的某個人

☐ 在辦公室會不自覺大嘆一口氣

☐ 很難專心 40 分鐘以上

☐ 對雞毛蒜皮小事也會莫名火大

☐ 好點子已經從腦內絕跡

☐ 想不起來昨天的天氣

☐ 哈欠打不停而且總是很想睡

☐ 下班的時候常常會買個什麼東西再回家

☐ 這邊好像有三點以上在講我

☐ 但我人還在公司

如果勾選了 3 個以上，
今天就是該放下一切去休息的日子 ٩(ˊᗜˋ)و

/ 上班族一成不變的新年目標 /

減肥、減肥、減肥

進公司，第二年
雙下巴、鮪魚肚
每次都說要減肥
明天開始沒關係

準時下班

勞基法，八小時
慣老闆，只當屎
我業務，如山高
唉唷喂，心已死

充電進修

下班以後，進修英文
想也知道，沒有那天
我的身心，都想玩樂
轉職機會，渺渺茫茫

談戀愛

事業滿分，母胎單身
我的真愛，你佇佗位
魔鏡魔鏡，請問一下
靈魂伴侶，何時現身

好好理材

下一個月，會省著花
這點小錢，就結帳吧
下定決心，務必剪卡
結果還是，口袋空空

辭職

薪資凍漲，上司瘋癲
業務繁重，加班惡夢
爛事太多，遞出辭呈
清早醒來，可惡是夢

/ 公司職稱的真正意涵 /

實在很努力
習慣社畜
生活的人

主管中最
任性的那個小壞壞

職災漸漸出現在這些
員工身上

負起
責任很難的
人

主要管理者，但是
管多一點就會被嫌煩

業界雜事瑣事
務必做過一輪

課室裡最常提當年勇的
長官

研發的商品還沒做出來就
發現自己肝指數過高的人員

部門裡負責核章跟簽名的人
長得跟董事長有點像

經常覺得自己說的最有
理的傢伙

/ 7 個上班族日常小確幸 /

 走到公車站牌時立刻來了一班公車的時候

♥ 就算錯過一班，但緊接著又來一台有空位的公車也很幸福

 紅綠燈都正好切換成綠燈的時候

♥ 要是連公司的電梯都停在一樓的話就太完美了

 出差很快結束的時候

♥ 最好是離下班時間剩 30 分鐘、可以直接下班

 刷公司卡吃好料的時候

♥ 連飯後甜點都用公司卡買單的話，今天的開銷等於零耶

 收到宅配送貨員的簡訊時

♥ 在想打瞌睡的下午 3 點收到網拍包裹就太棒了

 肚子痛衝進洗手間，裡頭空無一人的時候

♥ 能一次暢快解決的話，心情也會很好

 下班時外面天還很亮的時候

♥ 去完健身房才 8 點的話，象徵著生活品質直線上升

/ 一舉提升上班族生活品質的 10 種神器 /

第 10 名　計程車
還能幫忙振興老百姓的經濟呢

第 9 名　電腦螢幕防窺片
可以順便保護眼睛也滿不錯的

第 8 名　靜音鍵盤
用其他同事望塵莫及的打字速度安靜聊天中

第 7 名　無線藍牙耳機
回家路上的救世主，接下來有可能破壞這一切的只剩下主管了

第 6 名　近視雷射手術
下輩子也絕對要做的手術

第 5 名　追星

都不用吃葉黃素了

第 4 名　乳膠枕

本來專長就是躺著，與乳膠枕相遇後……今天就請假吧

第 3 名　下班後的獨酌

一個人炸雞配啤酒，真滴讚

第 2 名　健身房教練課

花錢長出來的肉，再花錢減掉的循環

第 1 名　出國旅行

要是不去旅行根本撐不下去（救人喔……）

/ 喜歡上公司裡某個人了怎麼辦 /

① **喜歡的人是不是負責帶你的人？**

如果是的話就要先持保留態度。有 99.9999% 的可能是產生了覺得帶你的人看起來特別帥的錯覺嗲司。

② **喜歡的人是不是資歷很深？**

（搖晃你雙肩）請注意，這段暗戀 99.9999% 的機率會成為不堪回首的往事。

③ **最近是不是太常公司跟家裡兩點一線？**

目前的生活只剩下往返家裡→公司→家裡→公司？
很可能因此失去認識其他人的機會，
除了公司以外也有滿多不錯的人，
所以請審慎地檢視自己，
是不是因為想要在有限的資源中找到對象，
所以才上了對方的鉤呢？

☆ **結論** ☆

如果已經仔細思考過以上三個問題了，
但還是很喜歡那個人的話，就自己看著辦吧。
剛開始交往時一定要低調！雖然大家還是會看出來啦……
既然買了「辦公室戀情」這張威力彩，祝你幸運中大獎嘿！

/「工作狂」的定義 /

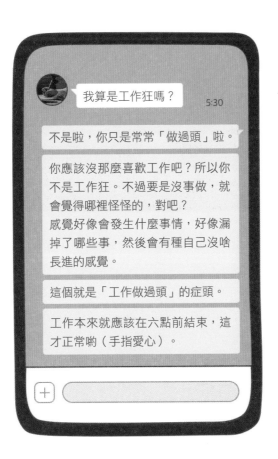

我算是工作狂嗎？ 5:30

不是啦，你只是常常「做過頭」啦。

你應該沒那麼喜歡工作吧？所以你不是工作狂。不過要是沒事做，就會覺得哪裡怪怪的，對吧？
感覺好像會發生什麼事情，好像漏掉了哪些事，然後會有種自己沒啥長進的感覺。

這個就是「工作做過頭」的症頭。

工作本來就應該在六點前結束，這才正常喲（手指愛心）。

/ 上班人格 VS. 下班人格 /

在公司的樣子＝全世界都欠我錢

跟朋友聊八卦的時候＝俏皮小口歹

/ 原來是在看動物星球頻道啊！
還以為是大家中午來買咖啡呢 /

中午 12 點半左右，

一群上班族湧入了咖啡店，

上班族真的是沒咖啡會死的
生物。

有一群同公司的佔到了好位子，
排排坐的樣子看起來感情很好呢！

感情很好的同事們分食早午餐，
節省伙食費，還能吃到季節限定餐！

才剛擺脫菜味的新人們登場！
此時還不知道咖啡店即戰場……

人太多了ＱＱ
好像會太晚回去，
走吧走吧ＱＱ

怕會太晚回去，新人往往會先走，
孩子們，你們很快就會習慣了ㄎㄎ

有些老前輩，嗯，
他們就喜歡整個人泡在咖啡裡～

另一方面，也有那種不太能喝咖啡，
但身不由己、被帶來咖啡店的同事。

12 點 50 分一到，
可能還有一批會火速入場，
現在整家店滿滿都是上班族了。

在咖啡店裡，
只有一個人滿心期待下午 1 點的到來
就是咖啡店的店員。

/ 偷看上班族午餐吃什麼 /

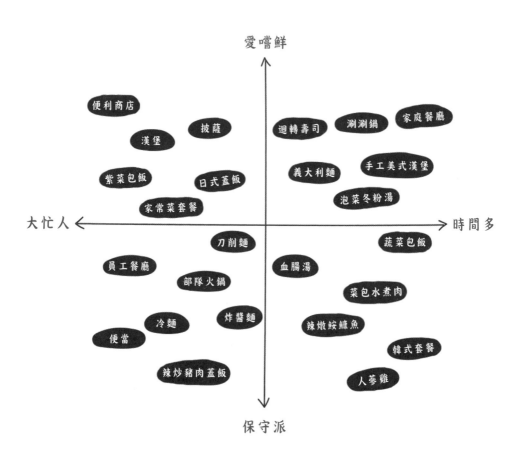

/ 辦公室戀情的優點 /

有了兩人之間的祕密，很不錯♥

好奇到底誰在談辦公室戀情
結果回頭仔細一看，原來就是我

能理解我的工作，很不錯♥

一起大聊職場上的閒話
獲得兩倍快樂

**兩人的發薪日都一樣
很不錯♥**

兩個人一起賺錢
兩倍速消耗殆盡

能轉換情緒，很不錯♥

就算被部長罵了
只要看到另一半的臉
心情就會慢慢好起來

**能培養耐力
很不錯♥**

雖然很想要放閃
但非忍不可！不行！

**上班時間飛快
這點很不錯♥**

就算只有晚餐這一餐
但想要趕快下班一起去吃的心情

**方便監控是否有異性黏過去
很不錯♥**

只屬於我倆之間的嫉妒心之戰

**辭職不再困難
這點很不錯**

呃，我本來就想要辭職啦
只是剛好也分手了啦

/ 賺了錢這樣盡孝道，父母更有感 /

匯款
TIP 比起經常小額匯款，不如一次匯款大筆金額，這樣更能讓父母印象深刻！

送爸媽貼圖
TIP 要送就送年輕人會用的類型，長輩圖禁止！

帶爸媽去百貨公司購物
TIP 既然都要去了，那就挽著父母的手、感情融洽地逛街吧！

國外自由行
TIP 不要跟團，提議一趟孝親自由行吧（雖然可能會在旅行中途大崩潰）！

一日體驗課程
TIP 在上課期間時不時就幫父母拍個照（看這裡～來笑一個～好棒！）

驚喜生日派對

(TIP) 訂一個能讓父母炫耀的客製化創意蛋糕吧！

帶爸媽去潮到爆的酒吧

(TIP) 把最流行的喝法介紹給父母吧！

幫爸媽買演唱會門票

(TIP) 平常就要筆記爸媽喜歡的歌手！

拍拍意境生活照

(TIP) 偶爾也要用影片記錄下來（什麼，你說看到這裡已經累了？）

/ 出社會三年的超有感心聲 /

公司不會因為我這種咖完蛋

天哪！低級失
誤！公司要是
因為我出包
上了新聞怎麼
辦 QQ

↓

菜逼八時期的自我感覺良好

特休、半天假、準時下班攏來
對自己好一點

因為就算沒有
我，公司還是
能照常運轉

所謂的人際關係
就是一種輪迴

討厭別人，
然後又被討厭。
有需要的話還是會去找
對方，都是為了工作順利嘛

擔起責任也沒什麼

反正又不是這件事情沒弄好
我的人生就會完蛋

結果我也變成職場
老屁股

雖然對新來的不是很爽
但怕自己看起來就一副
老屁股樣，結果，就成
了死命忍耐的職場老屁股

換到哪間公司都一樣

乾脆就在舒適圈
好好待著吧～～～

不論怎樣都有辦法混口飯吃

長得可愛就是
正義嘛（嚼）
怕什麼，我
沒問題的

誰說我想要升職的？

夢想於我如無物！
我只想大概做一下工作，
永遠當個小職員就好

\對啊　沒錯　對　好喔/

才進公司三年
我真的太嫩了...

但到了明年
又會覺得現在的我很嫩吧？

雖然還沒滿三年

卻已經對上面這些很有
感的話，代表公司把你
當成已滿三年的人ㄌㄌ，
加油！

/ 出社會四年的職場生存本能 /

本能 1

善於製造「大家都辛苦了」的氛圍
總之，我們是「社畜共同體」

本能 2

當主管問你做不做得到時
這樣回答才能確實被認為「你很努力」

本能 3

切記！自己的身體是需要保養的

本能 4

公司該給的都會撈回本

本能 5

不可以在疲倦的時候做出重要決定

本能 6

不再認為有哪件事只有自己能做到

本能 7

捨棄「加班很正常」的想法

本能 8

工作 ≠ 人生

/ 在職場打滾十年的人會這樣想 /

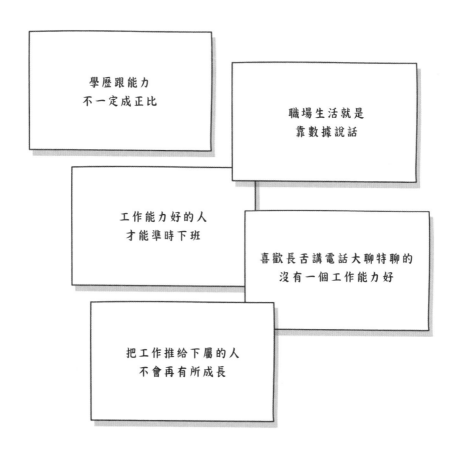

學歷跟能力
不一定成正比

職場生活就是
靠數據說話

工作能力好的人
才能準時下班

喜歡長舌講電話大聊特聊的
沒有一個工作能力好

把工作推給下屬的人
不會再有所成長

職場生活最重要的就是
好好提升抗壓性

腦袋空空不分資歷
豬隊友不分年齡

開始產生
「這份工作能再做多久」
的念頭

跟朋友見了面
發現大家狀態都差不多

/ 約聘員工心事誰人知 /

當正職員工跟我年紀
一樣大的時候

只有正職員工要開會的時候

當對方不知道該怎麼
稱呼我的時候

上司講話前後不一的時候

大家都下班了，我自
己一個人加班的時候

三節禮盒等級差很大的時候

人事異動通知～

正職員工限定的信件
誤寄給我的時候

一年一聘，
年資不能累積
好哀傷……

邊吃飯邊聊到年資的時候

哎唷喂
我的肚子啊～～

身體不舒服，想請個假
還要看別人臉色的時候

這個吼，
你也要幫公司想一下

上司藉「共體時艱」
來仗勢欺人的時候

（翻桌）

上司說要讓我轉正、拚命拗我
結果還是沒有轉成正職員工的時候

/ 上班族，好好照顧自己的 8 個小祕訣 /

按規定時間下班吧 🌱

不要說是「先閃人了」
只是「準時下班」而已

犯錯了，也不必太自責 🌱

不要重蹈覆轍就好
一定會越來越好的

養個小盆栽吧 🌱

悶悶不樂的時候就看一下盆栽
非常療癒呦

為生活與工作設定界線 🌱

要是公私不分
工作沒幾年就會倦怠

快速忘掉關於自己的流言蜚語 🌱

這個世界上沒有人不曾被討厭

去運動吧 🌱

走路三十分鐘也好

保持跟人群之間的適當距離 🌱

有時距離感能保護自己

生了病就要去醫院 🌱

少了你，公司也不會就此停擺

上班族之間的心靈相通，
就是一種「靠，我也是」精神

同事說今天也加班，「靠，我也是！」
朋友說週末要加班，「靠，我也是。」
另一半說好想辭職，「靠，我也是……」

/ 上班族忙碌的真相 /

為了討好上司，
而幫他搶廉航的預售票。

其實不太會喝酒，
但聚餐時因為被勸酒而喝茫，
結果隔天請了特休還被酸言酸語。

凌晨 1 點下班，早上 6 點上班，
雖然很想抱怨，
但也不是非得要說出來。
（總之，就是個小孬孬）

也不是什麼走紅毯的正式場合，
但就是莫名幫上司撐了傘
（奴性堅強！）

公司聚餐被逼著吃不敢吃的東西，
結果跑去洗手間吐了。

不小心出錯，
但因為很怕會被上司教訓，
只好自掏腰包收拾殘局了（噓）

各位懂這是多麼棒的感覺嗎？

剛好認真八小時就能做完的工作量

不會太忙碌，不怕過勞死

就這樣努力做到六點，乾淨俐落地打卡下班

到家打開電視，邊啜飲著沁涼啤酒的神聖時刻

不過，另一種複雜的心情你也懂吧？
比如晚上加班後，獨自一人搭計程車回家時
車子在路上奔馳著
我發呆看著河景
耳機裡大聲播放著滅火器的《長途夜車》*……

*由滅火器樂團於 2017 年所發表的一首歌
曲，在 YouTube 平台已突破 1300 萬觀看
次數。主唱楊大正表示這首歌是想「獻
給所有遠走他鄉打拚的朋友，你們從來
不孤獨」。

/ 不知不覺，工作一點一滴侵蝕了我 /

上班日大多時間都跟公司同事一起度過

平日加班、週末加班，不斷被工作折磨

偶爾也會覺得好像工作就是生活的一切

公司→家、家→公司，偶爾跟朋友聚餐

但就算跟朋友見面

還是少不了工作的話題

不知不覺，工作一點一滴侵蝕了我

有種「我－工作＝0」的感覺

一整個禮拜都是加班完才回家

一整晚都做著和工作有關的夢

禮拜六一早帶著亂七八糟的情緒起床

我下定了一個小小的決心
就是要好好打理自己的生活，而非職場生活

平凡無奇地在社區內散個步也好

跳舞跳得像機器人一般尷尬也好

煮出味道難以言喻的菜色也好

做什麼都好，一整個星期當中只有幾個小時也好

我決定要嘗試跟工作拉開幾步的距離

光想到我擁有同事們所不知道的私人生活
就讓我非常開心
因為，這是我獨享的生活。

2

天壽讚的上班族職場求（ㄗㄡˇ）生（ㄈㄟˋ）祕訣

"

辭呈一定要好好護貝後再送出
讓主管想撕都撕不了

"

/ 終結心酸！不同職位的辭職信 /

行銷專員

> **辭呈**
>
> 依據後台流量分析結果
> 自然流入的壓力與上個月相比
> 已經提升 200%

業務

> **辭呈**
>
> 這個吼～辭呈我是先這樣報給
> 您啦，可以先看看沒關係喔！
> 不用現在馬上蓋章也沒關係
> 總之請您先過目一下 ^^

開發工程師

> **辭呈**
>
> $['老闆'].remove[];
> $['公司'].delete[];

設計師

> **辭呈**
>
> 辭呈 _ 最終版 .psd

人事

> **辭呈**
>
> 公文主旨：辭職
> 公文說明：不要問，反正就是
> 這樣

研究人員

> **辭呈**
>
> 研究資料｜ 2021-04
> 「極度高壓的工作內容暨一片
> 茫然的未來」報告書

/ 提交辭呈的 8 個小祕訣 /

1 進公司到現在不知道背了多少
黑鍋，辭呈就用黑體寫

林北不爽做了啦
林北不爽做了啦
林北不爽做了啦

2 利用靜悄悄的午餐時間
下載或列印辭呈範本

3 辭呈檔案不要直接放在桌面上
放在「資源回收筒」裡才安全

資源回收筒

4 辭職理由寫個「個人生涯規畫」
或「健康因素」含糊帶過就好

就是被
你們折磨的，
所以趕快放我走吧

萬用的理由

5 在提出辭呈之前，
先練好淚水在眼眶打轉的演技

6 以暗色調的衣著來營造悲劇英雄氣氛

7 為避免辭呈被主管撕個粉碎
將辭呈護貝後再送出

護貝膜
100 張 250 塊

8 提出辭呈後，請小心避免不由自主嘴角上揚

耶嘿～

/ 偷偷面試新工作！ 6 個萬無一失好理由 /

1 從參加面試前一週開始，盡可能鋪陳好各種理由：
「最近腸胃很不舒服」、「牙齒莫名其妙痛起來……」

2 要是連請個半天假都很難，
那就用「走個三步路就感覺要挫屎了」強調情況危急

3 如果有人問起「今天怎麼穿得這麼好看？」
要紅著臉回答說「要去相親啦～（羞赧地拍一下對方）」

4 要是突然被安排當天面試，
就直接光明正大請特休吧

5 如果被問到是哪裡不舒服，
就吞吞吐吐地回說「呃……下面……」，
這種說詞在申請早退上非常有效

6 如果是自己一個人住，
就說家裡冰箱壞掉，已經跟維修人員約好了

/ 面試時有這些情況請速速閃人 /

☑ **仔細觀察面試官的態度**

　　沒有針對我提出問題，而是一直廢話連篇誇耀公司
　　那表示「一直有員工離職，就怕你不來上班」

☑ **偷瞄一下茶水間的冰箱**

　　如果冰箱上貼滿了外送店家的傳單
　　那表示「常常加班」

☑ **看看大家的辦公桌**

　　如果沒有隔板，是開放式的辦公桌
　　那表示「摸魚的機會等於零」

☑ **（假裝）去廁所幹「大」事**

　　如果聽到有人在哭
　　或是有人在背後說閒話，表示「辦公室常上演宮鬥戲碼」

☑ **在一樓大廳稍作停留**

　　要是來往的人臉色很差、表情凝重
　　表示「工作氣氛不佳」

/ 聚餐後，如何閃避一起搭車尬聊 /

方法一 說有人要來接自己，然後走進附近的咖啡廳

方法二 說要去上一下洗手間，然後偷偷頭也不回的離開

方法三 如果聞到車輪餅的味道，就說自己超愛吃，然後就自顧
自去買

方法四 假裝弄丟了悠遊卡，要去買單程票（效果有限）

方法五 說自己還有其他約就先下車，然後在車門關上之前迅速走進
其他節車廂

方法六 假裝要幫家人買什麼東西，然後打通電話問候家人

方法七 說自己要搭計程車，接著展現尷尬而不失禮貌的
微笑

★回家的路上只想要自在放鬆啊～

/ 上班族沒梗時的 email 帳號命名法 /

我就酷，只用自己的姓氏來命名

林書豪
LIN@gmail.com

我就幽默，把中文姓名
用直譯的方式翻譯成英文

蔡英文
PoorEnglish@gmail.com

任何人都無法破解的
注音轉英文輸入法

朴寶劍
qj6ll3ru04@gmail.com

用一堆下底線好像看起來滿屌的

呱吉
Qua_____@gmail.com

如果想加強明星級的酷炫感
跟自己名字一起標上「x」

蔡依林
xxjolin@gmail.com

使用名字＋出生年月日
可能會後悔不已，請慎重考量

小心！

林志玲
741129chiling@gmail.com

/ 遲到時這樣做就不會被發現 /

1 不要帶包包上班

2 邊説「那就麻煩再確認一下昨天寄過去的 mail 囉」
邊打這種毫無意義的電話然後走進辦公室

3 叫同事出來，然後再一起走進去

4 穿著在公司用的同款拖鞋去上班

5 叫隔壁同事先打開自己的電腦

6 假裝剛剛去飲水機裝水

7 用水把手沾濕，假裝去了趟洗手間後回來

/ 社畜們的 3 個萬用語 /

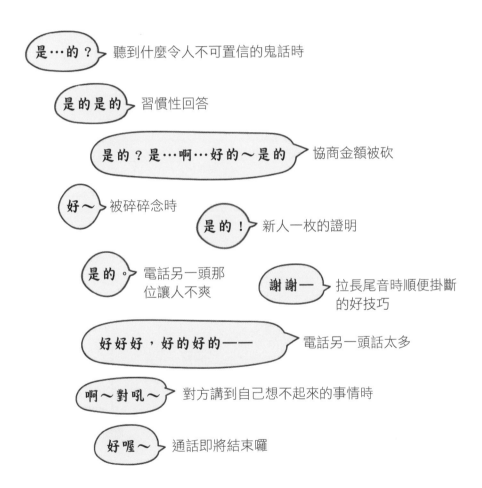

是…的？ 聽到什麼令人不可置信的鬼話時

是的是的 習慣性回答

是的？是…啊…好的～是的 協商金額被砍

好～ 被碎碎念時

是的！ 新人一枚的證明

是的。 電話另一頭那位讓人不爽

謝謝─ 拉長尾音時順便掛斷的好技巧

好好好，好的好的── 電話另一頭話太多

啊～對吼～ 對方講到自己想不起來的事情時

好喔～ 通話即將結束囉

/ 公司新人易踩 7 大地雷 /

跟同期談起辦公室戀情
一不小心就傳遍全公司

為了讓直屬主管
知道自己有多認真
接電話時硬要開擴音

跟主管吃飯時
為了顧及主管的面子
就點了貴鬆鬆的餐點

工作日誌用電子郵件寄出後
硬是要再印出來給主管簽名

電子郵件常用「內容如主旨」
沒有招呼語，力求簡潔

遲到而要提交事由報告書時
必定 CC 給部門所有人

/ 徵才廣告的翻譯年糕 /

保證高收入＝底薪爆炸低

歡迎役畢者＝我們會好好折磨你的

新手、有經驗皆可＝我們想要有經驗的新手

公司氣氛像是個大家庭＝會把你當家人使喚

薪資面議＝薪水不高，但沒辦法明說

歡迎積極正向者＝我們想找能忍受低薪的人

歡迎無經驗者＝因為沒有經驗，薪水可以開低一點

住附近者佳＝不需要交通費，薪水可以開低一點

徵求長期穩定者＝大家都跑了，需要新鮮的肝

/ 上班族小確佔（微小而確切的佔便宜）/

即溶咖啡
一次泡兩包

小確佔祕訣

為了泡兩包即溶咖啡
要帶容量大的隨行杯
上班

沒事就偷一點
小零嘴

小確佔祕訣

為了放到口袋時不
被看出來，以小而美的
零食種類來進行攻佔

掃描私人
文件

小確佔祕訣

請小心！
不要把私人文件
誤寄給主管

要充電就在
公司充

小確佔祕訣

準備一條辦公室
專用充電線

經常使用公司的
濕紙巾來擦桌子

小確佔祕訣

假裝自己有
嚴重潔癖

一點小傷也要
貼 OK 蹦

小確佔祕訣

就算只是手被紙割到，
也要喊著「哎唷！」
然後衝去貼

/ 跟上司單獨吃飯不尷尬的方法 /

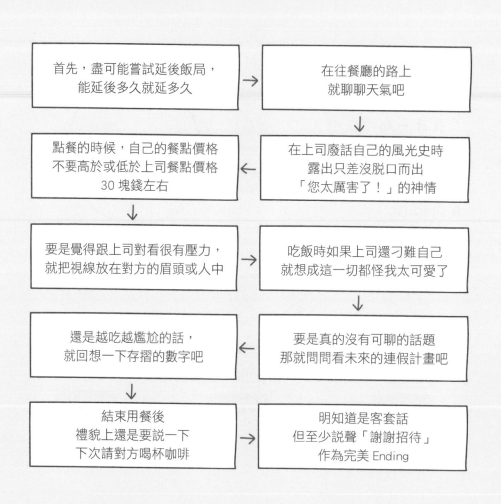

首先，盡可能嘗試延後飯局，
能延後多久就延多久

→

在往餐廳的路上
就聊聊天氣吧

↓

點餐的時候，自己的餐點價格
不要高於或低於上司餐點價格
30 塊錢左右

←

在上司廢話自己的風光史時
露出只差沒脫口而出
「您太厲害了！」的神情

↓

要是覺得跟上司對看很有壓力，
就把視線放在對方的眉頭或人中

→

吃飯時如果上司還刁難自己
就想成這一切都怪我太可愛了

↓

還是越吃越尷尬的話，
就回想一下存摺的數字吧

←

要是真的沒有可聊的話題
那就問問看未來的連假計畫吧

↓

結束用餐
禮貌上還是要說一下
下次請對方喝杯咖啡

→

明知道是客套話
但至少說聲「謝謝招待」
作為完美 Ending

主管：
「偶爾一起吃飯啊，
放輕鬆一點！」

我內心 OS：
「放輕鬆？你在說什麼鬼話？」

/ 在公司裝忙的 8 個好方法 /

平常就要擺出有點煩
又有點怒的表情

彷彿背負全公司的業務量

假裝在整理 EXCEL

輸入的內容：請假攻略、
旅遊計畫、卡費、中樂透
的話要怎麼用等等

主管叫你時
第一遍要假裝沒聽到

啊，不好意思 ^^
太專心了所以沒注意到…

午餐時間
直接在電腦螢幕前用餐

因為太忙了（嚼）
都離不開座位呢（嚼）

把信寄出去之後
又打電話過去跟對方
講一模一樣的內容

剛剛寄給您的信件，
如果有看到的話～
（覆誦信件內容）

用大嗓門
假裝打電話

喔！我這邊滿忙的～
那就先這樣囉！

下班前五分鐘說聲：
「天哪，已經六點了喔？」

我的老天鵝，忙到都
不知道時間過這麼快！

/ 偷偷陪你加班的辦公室幽靈們 /

又加班～～

影印機幽靈
影印機會開始發出「嗡～嗡～」的聲音
……**真面目：接收傳真中**

窗戶幽靈
窗戶突然莫名其妙被打開……**真面目：一陣風**

電梯幽靈
電梯門打開了，但沒有任何人搭電梯……**真面目：有人按錯樓層**

鍵盤幽靈
明明沒有人，但發出了鍵盤的打字聲……**真面目：你自己心裡有鬼**

逃生門幽靈
雖然聽到腳步聲，但沒有任何人走下來……**真面目：那個人是走上樓**

走廊幽靈
感覺好像有誰在那邊……**真面目：是保全大哥**

筆電幽靈
電腦發出聲音後突然自動開啟電源……**真面目：電腦完成了自動更新**

/ 星期一症候群的因應之道 /

禮拜天晚上先決定好禮拜一中午吃什麼

先找好喜歡的歌曲，禮拜一上班途中讓身心沉浸在音樂中

午餐在公司附近的網美咖啡廳裡，享受自以為很長但其實很短暫的悠哉時光

禮拜四或五網購喜歡的東西，將星期一轉變為「收禮物的日子」

直接請特休，逃離可怕的禮拜一

禮拜天晚上熬夜工作，讓自己感受不到隔天是禮拜一

提前跟好朋友約好禮拜一晚上去喝到掛

/ 上班後越來越爐火純青的技術 /

最高效率入眠之術
疲憊不堪,在公車、捷運上都能秒睡

徹底裝死之術
因為一旦說了自己懂,從那瞬間起就是痛苦的開始

今日事明日畢之術
越來越擅長拖延明天再做也沒差的事情

複製他人聲音之術
已經能把主管的語氣模仿得出神入化了

沒在聽開會內容之術
每次開會在靈魂出竅之後
就開始冥想宇宙與大自然的真理

我的笑不是笑之術
面對難笑得要命的冷笑話也能流露出一絲
溫暖的笑容

/ 離職後的 LINE 頭像＋自介這樣改 /

假裝註銷帳號

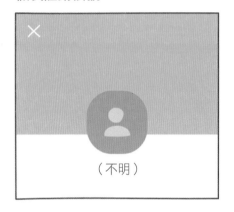

（不明）

假裝去國外旅遊了

李主任

假裝成賣菜郎

可愛馬鈴薯

放長輩圖

阿娟

假裝發生什麼大事

我會克服一切的
（手機關機中）

樸敘俊

假裝沉迷宗教

耶穌愛世人♡
祂，與你同行♡

徐主任

假裝是外國人

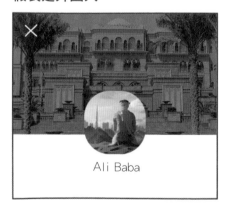

Ali Baba

/ 給又愛（？）又恨的上司感謝卡 /

♥給最愛早晨時光的經理♥

多虧了您每天提點：
「早上八點半前就要進公司」！
讓我成為勤勞的晨型人，
我在學生時期完全做不到的事情，
經理在超短時間內讓我做到了，
實在令我非常尊敬您！

♥給最愛開會的組長♥

為了能傾聽所有人的心聲，
您每天一大早都親自主持會議，
對於這份細心周到，我總是感動不已！
就連中餐吃什麼都用會議來決定，
但最後還是迅速拍板定案，
去吃您最愛的牛丼呢！

♥給最愛爬山的主任♥

每到禮拜六傍晚……
「明天早上七點
要不要去象山走走？^^」
您就會提出如此令人難以抗拒
的絕讚提議，
非常感謝主任總是照料我乏味
的週末時光！

♥給最愛一起吃晚餐的課長♥

多虧您每天都差不多在下班時間
問大家:「有沒有人要一起去吃晚
餐啊 ^O^」如此照料大家,我才能
保持規律的用餐時間。比起早點下
班去運動,感覺晚上不要餓肚子對
身體健康更好呢!

♥給最愛計程車的組長♥

因為擔心視如己出的組員
會在捷運上一路站到家,
每次聚餐的時候,
您總是陪伴大家到捷運末班車走了,
還親自幫大家攔計程車,
真的非常非常感謝組長,愛你喔!

♥給最愛用 IG 的部長♥

為了能更靠近每一位員工,
就算員工使用的是不公開帳號,
部長還是以寬大的心胸,
主動發出追蹤邀請。
祝福部長的 IG 也欣欣向榮喔!

♥給最愛說明的組長♥

您總在開口問我之前,
就已經掌握到我的疑難雜症,
花上好幾個小時,非常用心說明。
組長的叮嚀無論何時
我都要標上 500 個★!
銘記在心!

/ 有點資歷的人，跳槽後第一天上班的開場白 /

大家好～我今年已經踏進職場四年七個月了～

能跟大家一起打拚事業，我感到很榮幸！

沒什麼特別經歷啦，就之前也在這個職位上打滾過來的～

大家都是高手，就彼此手下留情、

希望大家都做少少、賺飽飽囉！

往後也請多多指教～到晚上六點為止喔～

職場 來日　忍無可忍，只好越級報告了

很希望組長健健康康的，但是好像是個奢侈的願望。例如組長每次都會在上班途中，不是被路口紅燈給卡住，就是走著走著被鴿子屎淋擊，或是明明跟店員點冰美式，卻給了他一杯滾燙的熱美式害他上顎被三度灼傷。還有組長總是在我們第一輪聚餐的時候，只開喝五分鐘就醉倒，於是大家只好幫他叫計程車回家，但後來發現他竟然把公司信用卡留在桌上，實在是太有義氣，分寸拿捏得剛剛好，這種狀況久而久之大家也習慣了，畢竟每個禮拜都反覆發生呢。

#組長愛搞消失　#組員心好累

/ 現在！立刻！馬上就想下班時 /

用街景服務回家一下再來吧。

/ 讓上班族瞬間神智清醒的數字魔法 /

累到想倒頭就睡，
覺得刷牙很麻煩的時候

現在不刷，
以後要花 30 萬植牙

覺得卸妝很麻煩的時候

現在不卸，
以後去醫美每次至少 3000 元

不想工作的時候

想辭職？
信用卡分期還有 24 個月
才繳完喔

想多睡十分鐘就好的時候

今天又搭 Uber 的話，
這個月的通勤費
就會來到 6000 元

想要再多喝一杯的時候

要是錯過最後一班車，
計程車車資比公車錢
貴 20 倍喔

不想去健身房的時候

現在不去，
以後就會花超過 20 萬
的醫藥費喔

/ 至少要工作到 2023 年的原因 /

2023 年

1月20日	小年夜
1月21日	除夕
1月22日	春節
1月23日	初二
1月24日	初三
1月25日	初四
1月26日	初五
1月27日	初六（調整放假）
1月28日	初七（週六）
1月29日	初八（週日）

當電影台詞搬到職場上⋯⋯

電影版《那小子真帥》對白　　　上班族版《休假還真酷》對白

「不要喜歡我」　　　　　　　→　「去準備上班吧」

「什麼意思啊？」　　　　　　→　「什麼意思啊？」

「我說不要喜歡我！」　　　　→　「假期結束了，叫你準備上班！」

「我哪有辦法不喜歡你啊」　　→　「我哪有辦法準備上班啦！煩餒！」

＊譯註：《休假還真酷》的梗出自韓國電
　　　影《那小子真帥》。

/ 忍耐會留下些什麼嗎 /

菜鳥時期，一天就會被叫過去罵個三次

「這個你也敢説是企劃書？」

「你到底要菜到什麼時候？」

我以為躲在洗手間偷哭，這樣忍耐就會使我更堅強

忍了又忍，我心中只想成為比課長更厲害的傢伙

現在，已經進公司五年了

最有感悟的一點就是

忍到身心俱疲

根本是毫無意義的行為

真正努力的人

會隨著時間流逝

也學到待人處事的方法

就連一直以來教訓我的課長也一樣

什麼身分就做什麼事

明明這也沒什麼

但我還是想試著去爭出高下而奮力掙扎……

雖然很老梗

但事過境遷後回首一望

最重要的終究只有「自己」

所以啊

工作上只要努力到「不多不少」

而對自己要照料到「相當之好」

下班後就去運動

週末睡到太陽曬屁股才對！

/ 媽媽生日那天，我在公司座位上痛哭了 /

媽，對不起

工作太忙了，今年您生日我沒辦法回老家

我在公司的洗手間裡

強忍著即將奪眶而出的淚水，傳了 LINE 給老媽

好幾個禮拜前就已經跟上司說好了

但其實也沒用

面對忙碌的公司前輩們

我連「一定要回家」這句話都說不出口

「不能太白目啊。」我這樣告訴自己

前輩們看上去都已經相當習慣

沒有週末、沒有休假的生活

「這個業界本來就都這樣啊」

進公司已經三年的同事

對著表情逐漸黯淡的我說了這句話

結果我回到自己位子之後竟然爆哭起來

止不住的淚水就這樣滴落在鍵盤上

不知從何時開始

好像適應不了職場的我才是不正常的人

我看著這些前輩

想說既然我沒有要辭職不幹，那接下來應該也不會有什麼變化吧

這是成為上班族以來，我所遇過最難熬的一天

如此難過，時間依然流逝著

又過了六個月，我仍然在這間公司上班

仍然過著無法準時吃晚餐的生活

仍然在不知道思考方式何時才會變得正向

心態比之前更憂鬱的狀況下硬撐著

只因為，這是我最想做的工作

這樣撐了又撐，但是

我想要一點一滴去改變「這個業界都這樣啦」這句話

希望理所當然的事物，將會變得不再理所當然

/ 我的夢想就是「被辭職」 /

我常常想著要主動提離職

但是我並沒有採取行動

不對，是採取不了行動

想想，這份薪水我可以用來

存錢、繳保費、孝親費、治裝費、伙食費……

沒了這筆錢我能活多久？

想到這些，我的意志就瞬間軟弱了

我曾經想過

會不會哪一天就被公司開除了呢？

因為這樣至少還能領到失業補助

沒看過想法這麼消極的自己

「只要給我工作做，不論什麼事情我都會努力的！」
我的這份積極到底跑到哪裡去了？

我一直以來都是為了想獲得什麼東西、達成什麼目標而努力
所以得放棄某些事物也是很正常的吧？

未來的哪一天，我也能很瀟灑地離職嗎？
──總覺得離職者甩頭就走特別「漂丿」的一晚。

/ 偶爾在禮拜二或四，痛快用掉一天休假 /

我不認為一天或半天特休假
只能用在有正事要辦的時候

雖然特休用在禮拜一或禮拜五湊成連假很不錯
但我偶爾會很爽快地把特休用在禮拜二或禮拜四

這樣做，能讓我再次回想起
成為上班族之後已經忘卻的生活

看完午夜場電影後聽著深夜廣播
靜靜感受這種氛圍
這樣，真的很棒

坐在咖啡廳
悠哉地看著忙碌穿梭的行人
這樣也很棒

可以來一趟說走就走的一日旅行
彷彿一切與我無關，能夠置身事外

利用早場時間，在空蕩蕩的電影院看了一直想看的電影
午餐時間就到朋友的公司
久違地在平常上班日共進午餐
原來運用特休假，還能讓朋友感到幸福！

不要想說請不了長假就乾脆乖乖去上班
也不要想說以後累積起來再用、就毫無計畫地遞延下去
放個一天假也好，一點一滴地使用休假吧

如果不在每個當下及時休息，往後會對身體造成莫大傷害
而且會養成不懂得休息的壞習慣

先好好照料身體，再好好工作。
休息個一天真的沒關係。

3

各行各業的
心酸血淚

"

拜託，
真的沒有那種大家都沒看過的新點子啦！

"

/ 辦公室的各種定律 /

雜事相吸定律：
越擅於處理雜務的人就會有越來越多雜務要做。

白目守恆定律：
不論是哪間辦公室都會有一個白目存在；要是沒有，那大概就是自己。

退化即進化論：
退化到最適合看螢幕的視力、因為喝咖啡而變色的一口黃牙、烏龜脖等，證實了職場中的退化即進化。

屍速列車論：
此理論為依據犧牲同事的程度，即先讓同事被喪屍般的
瘋狂主管咬過之後，自己就能大大提升存活率。

斐波那契數列論（韓文中的「斐」與「波」為「見血」的諧音，「數列」則為禮拜三的諧音）
此數列為後面數字為前面兩個數字相加，指如果禮拜一加班 2 小時、禮拜二加班 3 小時，那禮拜三就會加班到 5 小時，「斐」常令人吐血。

主管地動說：（此處「地動」與「至理名言」為韓文諧音）
所有決策都以組長為中心來運行，連屁話都要當成真理。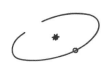

發薪日輪迴定律：
至少，每個月一次的發薪日遲早會來。

/ 與設計師往來信件大白話 /

 寄送　附件　取消

收件人	OO 設計師
寄件人	吳組長

〇〇設計師您好＝如同呼吸般自然的開場白
想要請您協助設計 banner ＝現在開始我們來場猜謎遊戲吧
概念上是希望具有現代感的冷酷風＝言下之意就是要把東西設計得有模有樣
帶點華麗感之餘也希望能設計得很簡潔＝你應該知道這是什麼意思吧？
Logo 檔案請從公司的官方網站下載即可＝懶得附件給你

這個案子因為滿簡單的＝雖然簡單但請你不要給我太隨便
大致上弄一下就可以了＝跟賈伯斯一樣搞個劃時代作品出來吧
應該可以在禮拜一早上看到初稿吧？＝我們一、上、班、就、要、看、到

設計這方面因為設計師您是專業人士＝你是專業人士，會做得完美無瑕吧？
我們信任您也把案子發給您＝做不好的話乾脆就不要下班了
沒想到這麼快就禮拜五了呢 ^^ ＝我要去過週末惹 ^^
希望您能好好收尾本週的工作＝週末不要煩我
請好好度過愉快的週末＝好好加班吧～

寄送　 附件　🗑 取消

收件人	👤 吳組長
寄件人	👤 OO 設計師

吳組長您好＝讀稿機般的開場白

週末過得好嗎？＝多虧了您我差點都要死了，不知道您過得爽嗎？

依照早上您電話中的內容＝雖然我想繼續裝死不理但沒想到你直接打電話過來

禮拜五您所要求的＝要是還有羞恥心的話應該會不安吧

banner 初稿已經寄過去了＝只確認過一次，實在慘不忍睹但還是先寄給你好了

參照了您提供的參考資料＝還真的是完全派不上用場

將 banner 製作為具現代感的冷酷風＝雖然你就算看了也不會懂啦

在簡潔當中帶有華麗感＝但我還是盡全力設計了

再麻煩您確認＝拜託不要提出任何意見、就這樣吧

如果有任何建議＝不准

我這邊會再盡全力＝我說不准

去協助做修正的＝我已經說不准了你給我聽好！！！

非常感謝您＝上週末加班還真的是托你的福喔。

95

/ 讓各行各業一秒爆氣的提問 /

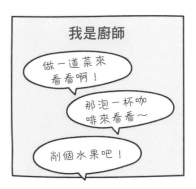

/ 上班族講電話時的表面話 VS 真心話 /

經理您好

天哪，超討厭打電話…

我昨天有寄一封信給您

非得要我打電話不可嗎？

啊，是的，您應該很忙吧

關我屁事啊

請問大約什麼時候可以確認呢？

不要拖拖拉拉趕快回啦

啊，這個部分要麻煩您看我的信件內容……

我全！部！都寫在 mail 裡了

要修改這部分的話比較困難一點……

你說的根本是不可能的任務好嗎…

因為系統本來
就是這樣…

又不是我
的問題，
滾啦

啊…是的，
真是不好
意思！

那又怎樣？

咦？啊…
企劃書嗎？

有夠煩，
想裝作不
知道就好
的說…

是的…
是的…
是的…
是的～
是…

左耳進→
右耳出

那這樣我整理
完之後再用
mail 寄給您

保留證據！
之後你再改
口看看！

好的，
非常感謝您

終於要掛
電話了！

/ 上司這些話，千萬不能信 /

 我只相信你啊！

該是時候試著相信自己看看了吧你這傢伙

 只要好好完成這次的案子，你就準備升官了

是誰可以升官？我嗎？還是主任你？？？

 手邊工作收一收，趕快下班吧

不知道是哪一位要我在明天9點以前交出東西的喔…

 輪流說一下自己的意見，都可以說沒關係

來吧！老闆心裡已經有底了，現在開始我們一定要猜對答案

 你很久沒放假了，這次就好好休息再回來吧

要我好好休息的話就不要再趁放假前加工作給我了

 不會喝酒的人就不要硬喝啊

員工聚餐誰揪的？不就是你嗎？

/ 上班族的日常掙扎 /

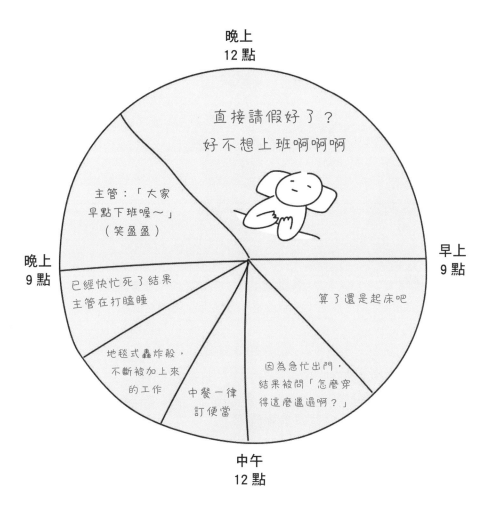

晚上
12 點

直接請假好了？

好不想上班啊啊啊

主管：「大家
早點下班喔～」
（笑盈盈）

晚上
9 點

已經快忙死了結果
主管在打瞌睡

早上
9 點

算了還是起床吧

地毯式轟炸般，
不斷被加上來
的工作

中餐一律
訂便當

因為急忙出門，
結果被問「怎麼穿
得這麼邋遢啊？」

中午
12 點

/ 屍速辦公室 /

加班殭屍

無時無刻
都在嘆氣

好累啊啊啊啊啊啊啊

宿醉殭屍

晚上才會充滿活力

有人今晚要喝
一杯嗎？

零食殭屍

位子上常常有一堆
零食包裝紙

公司零食
要補了吧？

截稿殭屍

事情堆積如山
倍感煎熬

真的假的今天
就是截稿日嗎？

會議殭屍

整天被叫去開會

今天也是被人牽著
鼻子走啊

隨便殭屍

已經失去了生命力
與意志力

辭職算了啦！ㄍㄢ

/ 您有來自「下班」的 20 通未接來電 /

下班 現在
如果會遲到的話就至少說一聲會遲到啊
滑開回應

下班 一小時前
未接來電（20）

下班 兩小時前
六點見喔

下班 兩小時前
怎麼還不來

/ 上班族機械式應答的真相 /

是的？	講這什麼鬼話？
好的…	對不起…這樣啊…
好喔～	我知道了，再等一下吧
好的!!	現在就幫您確認
啊，好！	呃，是我的不對
啊，好	啊～又來了
天哪，好!!	原本忘了，現在才想起來

謝謝您	請不要誤會，我沒有生氣
謝謝您，哈哈	怕你誤會，加個「哈哈」好了
謝謝您！	真的很感謝～
謝謝您 Q Q	辛苦了，真心的感謝
謝謝您…！	對不起是我的錯
謝謝您喔～	這樣啊～謝囉～
謝謝您 ^O^	謝謝（順便裝可愛）

您好 ^^	我有事相求
您好 :)	這次也要拜託幫幫忙囉
您好。	你都不會不好意思嗎？
您好！	我有話要説
您好～	（語音信箱語氣）
您好嗎？哈哈	之前拜託的弄好了嗎？
您好	毫無意義的招呼語

真的很抱歉	那傢伙又出包……唉
很抱歉	這還好吧？通融一下嘛
歹勢嚕	Sorry ～
抱歉喔	這次就算了吧
對不起～	就……還是道個歉囉
對不起 :)	嗯，真的很抱歉～
不好意思 !!	不好意思，麻煩你 !!

啊～ 我搞錯了啊……

啊！ 對吼…熊熊忘記了

啊哈哈 對啊，你説得對

欸… 怎麼又這樣？

欸！ 欸，不是那樣啦！

欸？ 那傢伙又説了什麼鬼話？

啊～！ 嗯，我懂了

知道了 不要誤會喔，我沒生氣

知道了ㄟ哈哈 嗯，沒問題

知道了～ 搞不好會忘記，先這樣吧

知道了！ 知道了，我會努力的

知道了。 我們走著瞧

知道了… 欲言又止

知道了 ^^ 我已經知道囉不要再説囉

麻煩請您確認。 為什麼還不趕快確認？

麻煩請您確認 ^^ 就輕輕鬆鬆地進行吧～

麻煩請您確認～ 我都弄完囉～看看吧

麻煩請您確認！ 拜託，希望一次就定案…

麻煩請您確認 :) 您親自看過信件了嗎？

麻煩請您確認，哈哈 請仔～細看一下好嗎？

麻煩請您確認… 人的耐心是有極限的…

哈 大叔的笑法

蛤？ 太扯了吧

哈… 欲言又止

哈哈 為了避免氣氛太乾的笑

哈哈哈 欸，滿好笑的？

哈哈哈哈 天哪笑死
哈哈哈哈哈

哈哈哈哈哈哈哈哈哈
哈哈哈哈哈哈哈哈哈
哈哈哈哈哈哈哈哈哈

我的老天鵝，你認真？

/ 機智職場生活模擬試題 /

科目：職場生活（甲組）

> 基礎題

1.請求出以下公式。（悔恨＋60分）
想辭職的念頭＋衝動購物＝上班

2.請求出以下公式。（夢想＋80分）
團隊－主管＝和平

3.請求出以下公式。（淚水＋80分）
辦公室戀情＋我們分手吧
＝辭職

4.請求出以下公式。（過勞＋80分）
週末－睡眠＝0

5.請求出以下公式。（吃土＋70分）
發薪日－卡費＝戶頭空空

科目：職場生活（甲組）

應用題

6.請求出以下公式。（矛盾＋90分）
公司＋熱情≠成就感

7.請求出以下公式。（空虛感＋90分）
薪水÷上班時間＜最低基本時薪

8.請求出以下公式。（病痛＋70分）
「工作很多嗎？」＋「不會」
＝「那這個也麻煩你了喔」

9.請求出以下公式。（無言＋80分）
「工作很多嗎？」＋「嗯…有點啦」
＝「又不是只有你很累？」

10.請求出以下公式。（心累＋60分）
努力工作後準時下班×「我要走囉」
＝「看來你很閒喔！」

11.請求出以下公式。（辭職欲＋80分）
工作忙翻天×「這個也幫忙弄一下」
＝「怎麼還沒下班？工作有這麼多嗎？」

科目：職場生活（甲組）

進階題

12.請求出以下公式。（淡定＋80分）
「中午要吃什麼？」×大家討論結果
＜ 老闆一貫的口味

13.請求出以下公式。（幸福＋99分）
辭職＝回春＋健康＋焦慮－金錢

14.請求出以下公式。（暴怒＋100分）
我的人生＋公司＝凸

從主管角度看
我的工作量

實際上
我的工作量

/ 別人都在休假，我還在上班的行業 /

我是一位護理師

不光是假日，我不分晝夜都要上班。
上班途中跟朝九晚五的人擦肩而過時，心情好複雜。

我是一位廚師

我從來沒有在午餐時間吃過午餐，
我實在太懂我們是怎樣的民族了。

我是一位咖啡店店長

對於自己開店的人來說，有開店才有收入，
所以也只能無止境地泡著咖啡（或吸貓）。

我是一位節目製作人／記者

就算大家都在休息，節目也不能停播啊。
／一旦爆出什麼事件，我們就要 24 小時待命。

我是一位自由工作者

沒案子接也不是就能無所事事睡到自然醒；
有案子接也不是就能高枕無憂睡到自然醒。

我是一位髮型設計師

要一直弄頭髮到晚上九點、雙手都脫皮了、
腿也浮腫到快爆炸了，客人還説我燙壞了。

我是一位公車司機

公車在逢年過節或是連假期間都不會停班，
而且還要加開到凌晨（鏡片後滿是淚水）。

/ 最能集中注意力工作的時間是 /

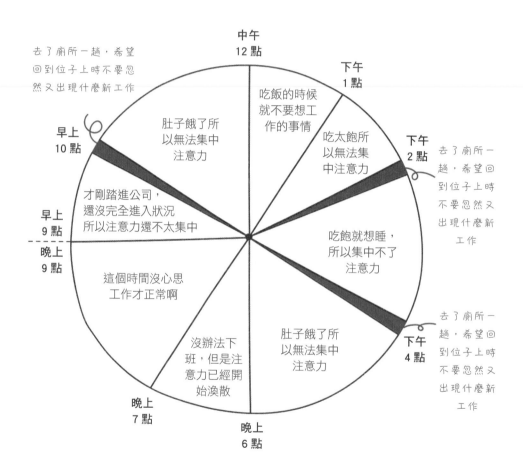

去了廁所一趟，希望回到位子上時不要忽然又出現什麼新工作

中午
12 點

下午
1 點

下午
2 點

去了廁所一趟，希望回到位子上時不要忽然又出現什麼新工作

早上
10 點

肚子餓了所以無法集中注意力

吃飯的時候就不要想工作的事情

吃太飽所以無法集中注意力

早上
9 點

才剛踏進公司，還沒完全進入狀況所以注意力還不太集中

吃飽就想睡，所以集中不了注意力

晚上
9 點

這個時間沒心思工作才正常啊

肚子餓了所以無法集中注意力

下午
4 點

去了廁所一趟，希望回到位子上時不要忽然又出現什麼新工作

沒辦法下班，但是注意力已經開始渙散

晚上
7 點

晚上
6 點

背負著上班族這項罪名

我住進名為公司的監獄

您好，這裡是分機1152牢房

邪惡組織的共犯名單中

有個身影跟我非常相像

每天接受著名為工作的懲罰

等待著名為辭職的解放……

——來自沒事就寫詩讀詩的上班族 A 某

地表最強社畜代表

公司就不給換新的啊，我有什麼辦法啦！

/ 逼死上班族的 7 種方法 /

拿掉辦公室隔板

搶走上班途中的耳機

起床的鬧鐘只響一次

連續五天只准吃燒臘便當

早上禁止喝咖啡

只能走路上下班

發薪日那天薪水沒有準時入帳

/ 有電話恐懼症的上班族特徵 /

千萬不要響千萬不要響千萬不要響千萬不要響
千萬不要響千萬不要響千萬不要響千萬不要響
千萬不要響千萬　　　　　響千萬不要響
千萬不要響千　　　　　　響千萬不要響

✓ 要是從哪裡響起電話聲就會莫名不自在

✓ 電話中出現了自己的名字就會嚇到發冷汗、全身僵住

✓ 另一頭講話很小聲的話，是真的會聽不懂在講什麼

✓ 不管是接電話或打電話，都會先準備便條紙

✓ 按下通話鍵之前，需要先深呼吸一百次

✓ 電話還沒接通前，都在祈禱對方不要接電話

✓ 對方要是接起電話，就會出現非常完美的問候聲

✓ 要是對方沒接起電話就會覺得謝天謝地

✓ 但實際上真的要講電話也不是什麼大代誌啦

/ 銷售員超有感的 8 個情況 /

1

別人放假時我最忙

逢年過節是完全沒辦法休息的，
尤其情人節真的快被閃瞎，
只能在心裡偷偷靠北 QQ

2

對天氣變化無感

一整天都待在室內工作的關係，
已經不清楚天氣到底是冷是熱，
越來越無感了

3

成為收銀機大師

處理過幾次換貨、退貨、開發票後，
不論使用哪一款收銀機，
都可以相當得心應手

4

**自己是客人的時候，
就會觀察店員**

很自然地檢視起店家的
服務態度如何

5

最令人疲憊的
不是工作本身，是人

明明呼叫「請支援收銀」
卻不知道死去哪的同事，
或是愛欺負菜鳥的前輩

6

跟附近店家的店員變超熟

不知不覺跟附近店家的店員變熟，
在空檔東聊西聊也蠻開心的

7

要報名運動、
進修課程很困難

因為是不固定班表，只能以月或週
為單位做安排，一直見機行事下去

8

辭職以後，
曾經不小心吃回頭草

因為是之前做過的工作，做起來
特別容易上手，所以難免啦

/ 外商公司的信件大白話 /

✉ mail

您寄來的提案書中,第一段的
內容看起來有點 busy。
再麻煩您修正。

└ 要大家忙到昏天暗地嗎?

✉ mail

您剛剛寄來的商品名稱雖然也很
不錯,但有沒有能看一眼就讓大
家 focusing 的 something 呢?

└ 有更厲害的快拿出來啊!

✉ mail

雖然您那邊應該清楚該怎麼做,
但還是麻煩維持好 quality 跟按
照 schedule 進行。

└ 繃緊神經好好做懂不懂啊?

✉ mail

您所提議的 slogan 需要再更 young
一點、更 catch 到內心一點!

└ 提提看其他東西吧!

mail

關於您所提的第三個方案，
雖然是滿 trendy 的，但也很
risky。麻煩您再補充提案內容

└ 這會不會太猛了？

mail

春季商品的部分請集中心力
在 pre-orders，然後進行 goal
setting。

└ 趕快把東西通通賣出去！

mail

雖然您應該很忙，不過茲事體
大，再麻煩您費心 follow-up

└ 請好好配合時程…

mail

設計師您好：希望能設計上可以
很 casual，不過還是要有 sense，
符合 brand image，營造 modern
的感覺。

└ 希望可以設計出很簡約又
　大氣的感覺，總之，你應
　該懂我意思吧？

/ 上班族才懂的 8 個優缺點比較 /

公司
優點：冷氣能吹好吹滿
缺點：耍廢要藏好藏滿

公司附近的好餐廳
優點：食物美味氣氛佳
缺點：就在公司對面

薪水
優點：準時進來
缺點：準時出去

聚餐
優點：這餐免錢
缺點：得跟同事一起吃

通勤公車
優點：可以在車上補眠
缺點：沒有人會叫醒我

在職培訓
優點：可以用公費去玩
缺點：常出現不想再回公司的瞬間

上司
優點：會比我早死
缺點：（族繁不及備載，以下省略）

上班族
優點：不用考期中期末考
缺點：每天都有隨堂考

/「焦慮上癮」檢測表 /

☐ 搭捷運電扶梯絕對是一路走上去或走下來

☐ 在公車或捷運完全停下來之前就已經站在車門附近

☐ 搭電梯時會不自覺一直按關門鈕直到門關上

☐ 從九點開始就在想中午要吃什麼

☐ 無法忍受排隊，會統一先交給一個同事結帳後再給對方錢

☐ 會一邊上廁所一邊刷牙

☐ 發薪日那天要是薪水沒有在早上入帳就會很煩躁

☐ 瀏覽器要是沒有在三秒之內顯示網頁，就會不停按下「F5」

☐ 用通訊軟體時會受不了打字太慢而直接開口

/ 上班族 LINE 失誤內容特輯 /

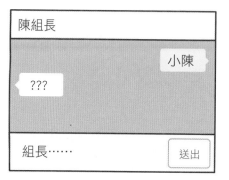

一不小心就忘了尊稱

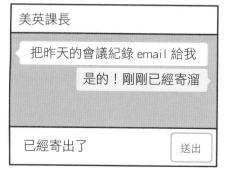

意料之外的裝可愛

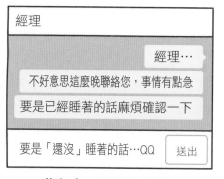

著急之下的邏輯錯亂

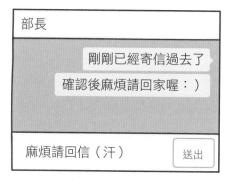

意料之外的戀家

意料之外的本性

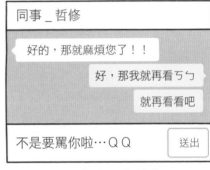

意料之外的本性之二

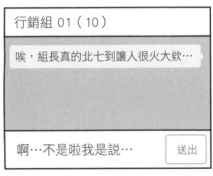

意料之外的準備辭職

/ 圖解職場生活 /

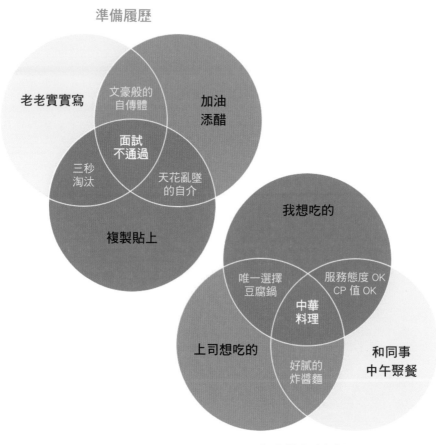

準備履歷

老老實實寫

文豪般的
自傳體

加油
添醋

面試
不通過

三秒
淘汰

天花亂墜
的自介

複製貼上

我想吃的

唯一選擇
豆腐鍋

服務態度 OK
CP 值 OK

中華
料理

上司想吃的

好膩的
炸醬麵

和同事
中午聚餐

上班族午餐時間

點子新穎

暫不進行

時間緊迫

無

改提個保守的點子

那我就不說我有做過了

精簡的預算

個人自傳寫得滿滿滿

勉強拿到面試機會

改提個保守的點子

不好意思，我們徵求有經驗的新人

表達對這份工作的熱情

沒什麼值得拿出來說嘴的

附上個人作品集

終於投履歷

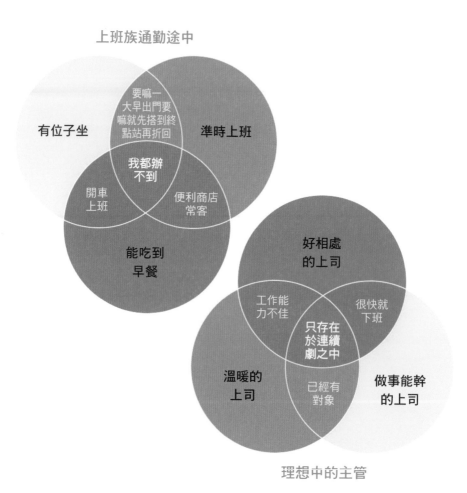

上班族通勤途中

有位子坐

準時上班

要嘛一大早出門要嘛就先搭到終點站再折回

我都辦不到

開車上班

便利商店常客

能吃到早餐

好相處的上司

工作能力不佳

很快就下班

只存在於連續劇之中

溫暖的上司

已經有對象

做事能幹的上司

理想中的主管

/ 上班族態度 360 度大轉變 /

| 進公司 | 前 | 如果您錄取我，我絕對會賣力工作！ |
| | 後 | 真他馬的想辭職，趕快讓我中樂透吧…… |

| 下班 | 前 | 下班後打算先去運動，然後念點英文再來睡～ |
| | 後 | 天哪好累喔，要不要叫外送鹹酥雞？ |

| 午餐 | 前 | 實在有夠餓，沒辦法專心工作啦！ |
| | 後 | 吃太飽好想睡，沒辦法專心工作啦～ |

| 上班 | 前 | 啊，走著走著就想回家了。 |
| | 後 | 啊，一坐到座位上就想下班了。 |

| 攝取
美式咖啡 | 前 | （￣□￣） |
| | 後 | （‧▽‧） |

| 開會 | 前 | 完全沒靈感 QQ |
| | 後 | （＃＄％＠＆靈感源源不絕） |

| 辭職 | 前 | 蘇格拉底說寧可當痛苦的人、莫當快樂的豬！ |
| | 後 | 有錢才是萬能啊（捶心肝）…… |

/ 讓各部門森 77 的信件 /

to. 資訊部

> 我的電腦怪怪的
> 反正就是有問題
> 麻煩來我這邊看一下
>
> ----
>
> Re: 您重開機過了嗎?
>
> - - - - - - - - - - - - - - - - - -
>
> Re:Re: 還沒……

to. 會計部

> 這次忘了打統編
> 不要太計較、就通融一下嘛
> 你最善良了,好不好?
>
> ----
>
> Re: 不好
>
> - - - - - - - - - - - - - - - - - -
>
> Re:Re: 會計部跩屁跩

to. 人資部

> 雖然之前好像你們已經有公
> 告過了但我這邊一直找不到
> 耶可以再跟我說一次嗎?
>
> ----
>
> Re: 提供您相關資料
>
> - - - - - - - - - - - - - - - - - -
>
> (未讀)

to. 設計部

> 這行字要夠大夠清楚
> 然後要很有感覺的那種!
> 你們專業的應該知道我在
> 說什麼吧?
>
> ----
>
> Re: 提供初版給您
>
> - - - - - - - - - - - - - - - - - -
>
> Re:Re: 請重新設計

to. 宣傳部

雖然我也蠻想利用我的職權來要求啦，但這件事你們就有辦法做到吧？你們應該要幫忙吧？

Re: 沒辦法

Re:Re: 你們的工作到底是？

to. 客服中心

我真的什麼都不想找
要跟你們說明也覺得很麻煩
請問可以代替我處理嗎？

Re: 這位顧客，不好意思…

Re:Re: 叫你們老闆來回覆我！

to. 法務部

雖然我也知道什麼才正確，
但這邊不用寫得太明白吧？

Re: 不可以

Re:Re: 那我就直接進行囉

to. 行銷部

雖然廣告效果不錯
但希望下次能做一個不像
廣告的廣告，有辦法嗎？

Re: 預算不夠

Re:Re: 錢少有錢少的方法

/ 被叫去進修上課的上班族心聲 /

還要分什麼組！煩死了！

根本沒人想去上課好嗎

在到課程場地之前就想回家了

實際上還是玩得很開心啦

只要不是跟主管一組就好

希望午休時間長一點點……

重點 只求上課發的午餐便當越高級越好

/ 分析上班族的酸鹼性 /

薪水是酸性

一下就溶解掉辭職的念頭

部長是鹽基性

煩到讓人發「炎」

公司是中性

中和了各種爛人鳥事

直屬主管是惡性

就是個惡性腫瘤啊

直屬下屬是油性

每天出包的老油條

主管是缺水的乾性

一開口問問題就讓現場
「尷」尬到不行

宵夜是鹼性

鹹到無法無天

我是已經下班沒耐性

晚上六點後開始飛航模式

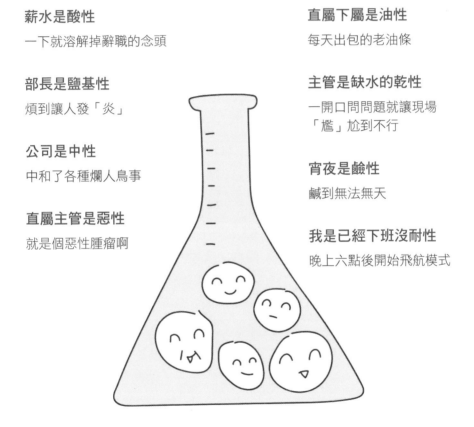

/ 令人期待的員工福利 /

年終分紅超高

這種大公司進得去
再說囉

每月一日在家工作

醒來發現被棉被黏住的
那一天

生日假

生日當天
不爽上班就不上班

提供一個月的特休

可以休息一個月
（身體無病，薪水照領）

辦公室零食滿滿

每個禮拜茶水間
都會自動補滿零食

輕食沙拉餐

員工餐廳提供低碳餐
或減脂餐

耳塞一副

完全阻斷上司廢話
的重點功能★★★

/ 在公司實際學到的東西是 /

原本在公司應該學到的是

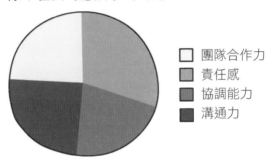

- ☐ 團隊合作力
- ☐ 責任感
- ☐ 協調能力
- ☐ 溝通力

公司教給我的實際上是

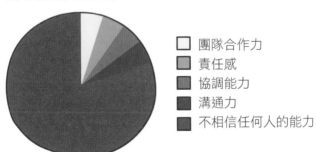

- ☐ 團隊合作力
- ☐ 責任感
- ☐ 協調能力
- ☐ 溝通力
- ☐ 不相信任何人的能力

/ 用寄信方式分類上班族 /

主任您好，今天下雨了，
不知道出差是否還順利呢？

關於您昨天詢問的事項，
因為還需要內部協商，
明天會再回信給您。

那麼祝您有美好的一天，
非常感謝。

1

對於上司過得好不好完全
沒興趣，但還是勉為其難
問候一下→想很多型

主任您好，
關於您昨天詢問的事項，
因為還需要內部協商，
明天會再回信給您。

非常感謝。

2

那件事我不清楚啦，
我只講重點→俐落型

/ 面對傷人的主管，就把他想成路人甲吧 /

因為主管那瞧不起我的態度

讓我每次出錯時，一想到會被大罵

心臟就跳得很快，都要揪在一起了

也經常因為這樣偷偷落淚

剛進公司的時候，真的很不好過

犯了錯很氣餒，也不敢問太多

結果就陷入「出包→事情搞砸→氣餒→出包」的惡性循環

雖然我很討厭主管、和朋友見面時也忍不住痛罵他

但其實心中「要是我能做得更好應該就……」的想法揮之不去

這才是最令人煎熬的啊

某一天，這句話點醒了我：

「就把主管當成路人甲吧！」

主管又不懂我

主管又不算什麼

沒有必要非得順從那個人的心意

他只是我正好碰上的人而已

因為把主管當成路人甲

就能更冷靜地聆聽對方說的話

「你不要因此受傷喔」這種場面話就當成耳邊風

那個人是老闆，我是員工

那個人是上司，我是下屬

然而只有在公司內才有這種契約關係

但我沒有必要拿職場上的評價來定義自己啊

我們給「工作」太多太多權限了

我要取回「定義自己」的權限

然後，沒想到很神奇地

當我「搬家」到其他公司後

某一天意外得知，那個人也離開了那間公司

我現在吃得好活得好

也遇到了好同事

我想為現在覺得很不好過的你

獻上這句話：

那個傢伙，真的什麼都不是

/ 想成為好前輩，比想像中來得難 /

每個人在還是新人的時候
都曾經因為要應付捉摸不定的上司
而流過憤恨的眼淚吧？

每當這種時刻，我就會下定決心
我絕對絕對不要成為這種上司

但最近公司來了新人，我竟然也陷入了煩惱
到底要怎麼做，才能成為一個還不錯的前輩兼同事呢？

所以我訂下了自己的原則
一、不以個人愛好強求對方
二、不用反問的語氣斥責對方
三、用工作表現證明一切

一、不以我的個人愛好強求對方

當我要回應意見給對方時

不要執著於「我偏好的風格」、「我心中已有的定見」

只要不是違反規定的「失誤」，就不該用個人主觀的角度去批判

二、不用反問的語氣斥責對方

「為什麼要這樣弄？」、「你是不知道嗎？」

不要被私人情緒牽著走而罵個不停

這樣做只能一解心頭之氣，而不是有意義的回應

三、用工作表現證明一切

「嚴以待人、寬以待己」，我不屑的上司就是如此

不記得自己犯下的過錯，卻對新人的小失誤興師問罪

如今我成為了前輩

在怪罪菜鳥之前，我會先自我檢討，自己是不是有帶頭好好做

當我有不懂的地方、煩惱的事情，我也會向新人尋求建議

我會努力想著這三個原則來回應意見給新人

人與人之間並非永遠的上下關係

不懂就要問

不足就要填補

請記住，上班族與上班族之間

不過是平等的同事關係。

4

上班族，
原來如此

"

進公司前：工作，真的不快樂啊

進公司後：工作，真的一點也不快樂啊

"

/ 禮拜一到禮拜五，沒一天想上班 /

禮拜一　　睜開眼的瞬間就想請假……

禮拜二　　呃，還是沒有上班的動力。

禮拜三　　還是請個假，過過小週末？

禮拜四　　怎麼才禮拜四？不想上班！

禮拜五　　今天請個特休就變連假了耶！

禮拜六　　終於可以好好休息兩天啦。

禮拜日　　（下午4點）憂鬱星期一模式 ON

/ 上班族的辦公桌類型 /

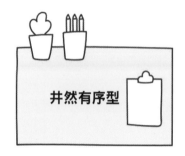

一板一眼過日子最輕鬆
桌面保持舒適，心情才會舒適

雨不停國度的雨傘蒐藏家
因為氣象局的預報頻頻出錯
加上極度怕麻煩
不小心真的種出了一把（菇菇）傘

加班專業戶
咦？今天不用加班？
真的嗎？一定還有什麼被我漏掉了…

色即是空

從進公司到離開公司都保持淨空

追星愛偶像才是人生

買飯吃會化為自身脂肪
買周邊能美化家中閨房

哆啦 A 夢的四次元百寶袋

就如字面上的意義什麼都有…
東西多到這種程度的話應該也拿得出任意門

/ 上班族眼中的流行語 /

像極了愛情

老闆的任性，像極了愛情

甘阿捏

老闆聽完我的意見的瞬間表情

興奮到模糊

看見年終獎金入帳時

今晚，我想來點⋯⋯

除了來加點班以外
其他都給我來一份

Send Tree Pay

提案被客戶第 N 次退件時，
內心的衝動畫面

人民的意志、人民的法槌

在公司裡
員工的意志都不是意志呢

我就爛

瀟灑說完之後就準備填離職單

是在哈囉

昨天說的話，今天就改口
公司的這些人是在哈囉？

阿姨，我不想努力了

可以養我嗎？

WTF

在公司始終沒咆哮出的一句話

/ 宅男宅女去上班 /

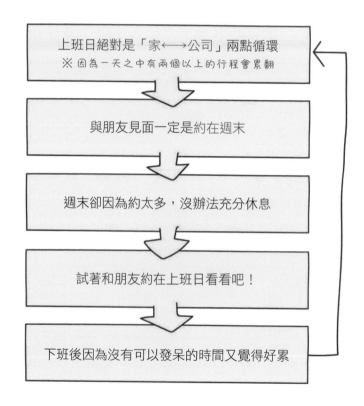

上班日絕對是「家←→公司」兩點循環
※ 因為一天之中有兩個以上的行程會累翻

與朋友見面一定是約在週末

週末卻因為約太多，沒辦法充分休息

試著和朋友約在上班日看看吧！

下班後因為沒有可以發呆的時間又覺得好累

/ 上班族的超譯成語 /

唇亡齒寒	如果那個好用的傢伙不幹了，我就完了
日新月異	尾牙時老闆自己喊得很高興的口號
有條不紊	各部門的大頭今天都在公司待好待滿
同舟共濟	就算很討厭某人，還是維持表面的和平吧
雪上加霜	想說不會吧，結果主管還真的就突然請假了
苦盡甘來	真心感謝您雇用了我，但我現在要下班囉
寤寐不忘	可憐哪，作夢還夢見上司在後面追著我跑
秋高氣爽	這種天氣不在家抱緊棉被，難道要去上班嗎
大器晚成	進公司越久，就越是堅持把假請好請滿

/ 上班族辭職後面臨的現實 /

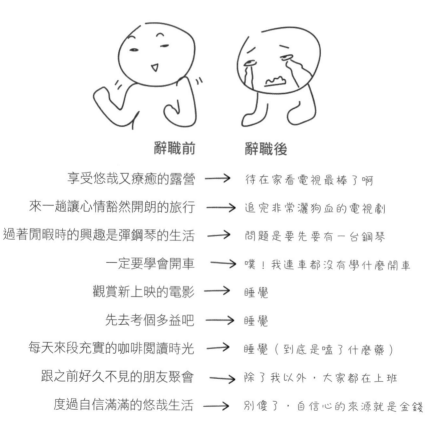

辭職前　　　辭職後

享受悠哉又療癒的露營 ⟶ 待在家看電視最棒了啊

來一趟讓心情豁然開朗的旅行 ⟶ 追完非常灑狗血的電視劇

過著閒暇時的興趣是彈鋼琴的生活 ⟶ 問題是要先要有一台鋼琴

一定要學會開車 ⟶ 噗！我連車都沒有學什麼開車

觀賞新上映的電影 ⟶ 睡覺

先去考個多益吧 ⟶ 睡覺

每天來段充實的咖啡閱讀時光 ⟶ 睡覺（到底是嗑了什麼藥）

跟之前好久不見的朋友聚會 ⟶ 除了我以外，大家都在上班

度過自信滿滿的悠哉生活 ⟶ 別傻了，自信心的來源就是金錢

/ 上班族原來是捐款天使 /

健身房♥捐款天使

一年下來有踏進去超過三次？

報名的那天、第一次健身的那天、去找毛巾的那天

稅金♥捐款天使

是不是五月精算後又補繳了一些呢？

已經花掉很多錢了，國家還要這樣對我！！！

咖啡廳♥捐款天使

你不知道那間咖啡廳裡頭有一張椅子是我專屬的嗎？

早上、中午、晚上，都留下了我的臀跡

計程車♥捐款天使

今天也為了振興地方經濟嗎？

早上搭 Uber 就是爽……不必人擠人…呵呵呵

專長♥捐款天使

我只是說了我會 Photoshop 而已吧？

一旦得意洋洋地說自己會用了之後……（嗚嗚）

/ 上班族，這時候要懂得察言觀色 /

下班前一分鐘

從此刻起要用餘光偷瞄主管的臉色

欸，都已經六點了，他什麼時候要走啊

睡過頭遲到的時候

眼睛一睜開就以野生的直覺感應到會遲到

在計程車上：我再喝酒我就是狗！（隔天：汪汪！）

腸胃發出怪聲的時候

嘓嘓嘓嘓，出現了詭異的聲響

（抬頭觀望）誰昨天應酬吃壞肚子？

打算就摸魚個一分鐘的時候

59 分鐘都在努力工作，就在摸魚的那 1 分鐘，組長經過了

靠…組長…看到了嗎？

沒事幹所以閒下來的時候

○ ○ ○ 感覺好像漏做了什麼所以內心莫名不安
嗶嗶！這是過度工作的前兆喔

撕開零食包裝的時候

利用莫名其妙的乾咳進行自主消音
乾脆用舌頭融化來吃…

要請好幾天特休的時候

一點也沒有不好意思的「不好意思我要請假」這種話，
已經講了 345543 遍
我要請我的年假為什麼還要看別人臉色啊？

要離職的時候

想要趕快丟出辭呈，但又有點搖擺不定
花時間想著什麼時候丟出辭呈會最爽、成功率最高

/ 上班族的冬季群聚感染 /

早上洗澡時
被熱水燙到而差點遲到的人
會聚在一起

把薪水貢獻給瑜伽課程、
健身房的人會聚在一起

已經先搶到明年連假出國
機票的人會聚在一起

因為辦公室一直開著暖氣
而覺得很悶的人會聚在一起

已經算好剩下的特休能換
多少錢的人會聚在一起

領到年終獎金
結果衝動購物、買到超出月薪
的人會聚在一起

/ 上班族睡前會想到的種種 /

怎麼搞的已經十二點了…現在睡著的話還可以睡幾個鐘頭？

靠，明天要做的工作好像很多…有什麼啊？

部長今天說的話是什麼意思啊…

不對！不要想公司的事了，現在是我自己的時間啊，
唉…還是在想公司的事耶

為了舒緩自己的複雜情緒又滑了至少三十分鐘的手機

？？？已經超過一點囉？現在睡著的話…還可以睡幾個鐘頭？

明天真不想上班。要請半天假還是說自己不舒服？

要不要辭職啊？離職能拿到的錢跟存款加起來……還是算了

唉，希望明天公司就立刻倒閉

/ 懸賞通緝！害我變成月光族的罪魁禍首 /

罪名

飢餓指數過高之罪

特徵

無時無刻肚子餓
尤其被上司電的那天會因為
壓力而食慾大爆發

罪名

老是想出國之罪

特徵

雖然不知道有沒有假可以休
但要是有便宜的機票
當然先搶再說囉

罪名

愛衣成痴之罪

特徵

明明每個月都在衝動購物了
但還是會掉入覺得隔天
沒有衣服穿這種陷阱

罪名

習慣搭計程車之罪

特徵

住得遠而搭計程車
住得近而搭計程車
享受搭計程車而繼續當社畜

/ 上班族的頭為什麼而痛 /

毫無原因的偏頭痛

對大眾運輸過敏的痛

焦慮有未讀信件的痛

腦子壓抑太多髒話而痛

與主管無法溝通的痛

一提離職忽然就不痛

/ 意識到自己是上班族的瞬間 /

拿到月曆後
先從最長的連假開始找起時

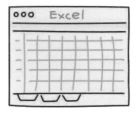

完全領悟 EXCEL 裡頭
VLOOKUP 函數的功能

接起電話時，不是講「喂～」
而是講「您好，這裡是○○公司」

光聽到電話鈴聲
心臟就會痛起來的時候

一副
泡麵臉

無意間被自己
在鏡中的臉給嚇到

不小心就
出口成髒時

心中想今晚就喝到掛
回家還是乖乖做了隔天的便當

開始慢慢理解上班族
朋友的抱怨

「真的忙到沒時間上廁所」
「新人真的不能太白目，沒辦法早點下班」
「他 X 的老闆有夠煩！！」

/ 捷運通勤族超有感的 7 個狀況 /

請問是組長嗎？那個，我突然有急事，哈

捷運拋棄了本大爺而遠走的急事

「明明在我眼前，卻又消失不見」的捷運

在樓梯上奔跑時聽到了廣播聲：「車門即將關閉」

X ！只有我要搭的那節車廂位子被坐滿滿

今天的挑車廂遊戲，失敗。

就算超級想睡，在快到站時會有如神助般驚醒

眼皮會莫名以野性的直覺猛然睜開！

要站在靠近最多座位的區域

這對於搭捷運高手來說根本是常識，呵呵。

一進車廂的瞬間，目光快狠準！

上一班開走的車，一定是往自己要去的方向

要往輔大去，偏偏連續來了兩班往蘆洲的車，ㄎㄅ！

搭到跟目的地反方向的車

想說覺得哪裡怪怪的，果然 =＿＿＿=

只有坐在我正前方的人一直沒下車

換個地方繼續站，結果剛剛在我前面的人就下車了（？）

/ 上班族，其實就是這種動物 /

是兔子…

想到工作就不自覺想「吐」，
上班前想吐、同事聚餐時到廁所吐，
真想把整個公司都吐掉！

是渡渡鳥…

我已經從地球上滅絕囉！
開會時我的意見不見蹤影、定時吃晚餐的
人生不見蹤影，一切都不見蹤影。

是獅子…

我是森林之王！
報告吼一聲就有人做好、下班前吼一聲就
有人接手，通通透過吼叫來解決 (-‿。)

是梅花鹿…

人家長得太可愛了好困擾喔！
尤其公司聚餐的時候，那些色老頭超噁的！

是鮪魚…

持續忍受變成罐頭的命運，
不爽也得忍、為了卡債也得忍。

是烏龜…

龜速起床、龜速回電、
龜速上洗手間，做什麼都龜一下。

是駱駝…

身為沙漠氣候的動物，
空汙警報、霧霾危害、沙塵暴預報，
今天也是請假的好日子呢。

是豬…

這……不用解釋了吧？

/ 為什麼辭職永遠都是說說而已 /

1 因為不想去考多益

2 懶得更新履歷

3 好像也面試不上其他公司

4 下班狂買網拍紓壓就夠了

5 下班後只想躺平

離職太危險…
床鋪最安全！
ZZZ

6 沒有適合我的職缺欸

雖然灰常灰常
想要離職
但沒有適合我
的職缺…可惡

7 履歷越寫越沒信心

明明做得要死要活的案子
但整理起來卻只
湊成一行…

熊熊氣起來

8 想離職，但更想發大財

我個人是無欲無求啦
只要中個兩億頭彩就可以了

/ 上班恍神到一半突然驚醒的瞬間 /

東摸摸、西摸摸，忽然發現已經到了下班時間

瞥到微薄到一眼就能看盡的薪水時

確認完要從這份薪水扣走的保費時

deadline 忽然近在明日時

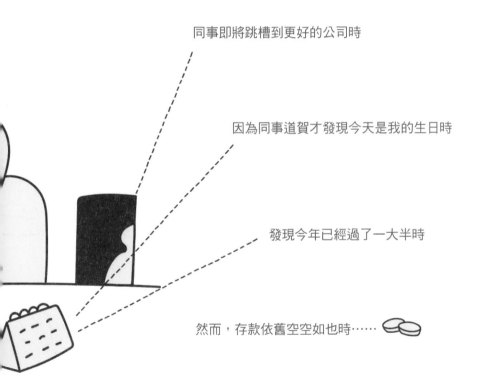

同事即將跳槽到更好的公司時

因為同事道賀才發現今天是我的生日時

發現今年已經過了一大半時

然而，存款依舊空空如也時……

/ 上班族眼中的捷運路線 /

板南線

如果不早點出門，一路站到底是常識，
有時搭著搭著就會恍神，
產生「我在哪裡？我要去哪裡？」的錯覺。

松山新店線

只要搭到「西門」就能短暫解脫，
嗯！這是搶位置的最好機會，
一定要趁車廂門打開的瞬間瞄準空位！

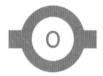

中和新蘆線

不知道為什麼很神奇地，
每次都剛好遇到往另一個方向的車（ㄎㄡ！）

地獄般的文湖綠轉乘考驗

走到飆汗，還沒出站後腳跟已經痛起來，
每次都走到懷疑人生，
上、下班各轉乘一次，每日運動量達標！

桃園機場捷運線

無止盡的走著、
想說是不是已經到盡頭了，結果還要繼續走呀！

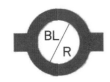

捷運臺北車站

繞了好一陣子，發現又回到了原點，
彷彿是無極限的莫比烏斯環。

文湖線

名列最崩潰路線第一名，又窄又擠的車廂，
上下班時間壅擠度最高可達 2000％！
搭這條線時會開始懷疑自己是否能活著走出去

環狀線

下一班車：8 分鐘
＠＃＠＄＃＠％＄世界久⋯⋯
（很髒的髒話所以自己摀住嘴巴）

＊註：此篇內容為以韓文原意套用台灣通勤族的現況。

/ 住首都近郊上班族的通勤時間 /

超過 2 小時　　＝　直接住在公司算了

2 小時　　　　＝　一起床想到要上班就
　　　　　　　　　超級痛苦

1 小時 30 分鐘 ＝　嗯，還……可以

1 小時　　　　＝　大家都差不多吧！

30 分鐘左右　＝　只想花 30 分鐘通勤？
　　　　　　　　　這麼貪心會遭天譴的！

各位，這還只是單趟而已，
來回的話還要 ×2 喔！

/ 上班族會不自覺冒出的口頭禪 /

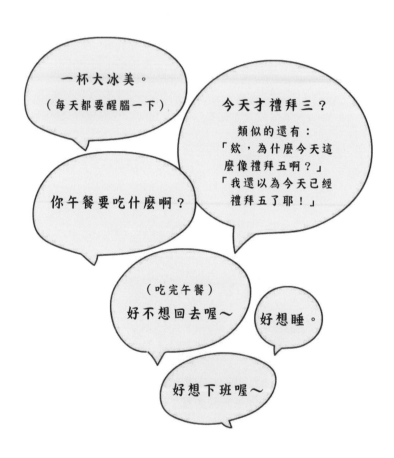

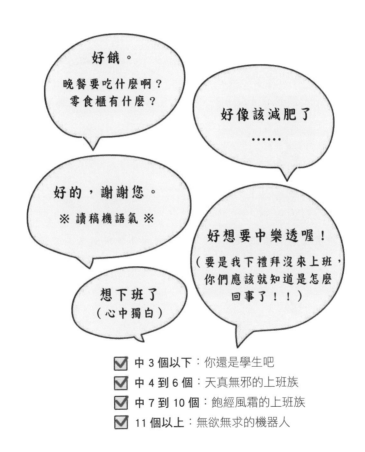

☑ 中 3 個以下：你還是學生吧
☑ 中 4 到 6 個：天真無邪的上班族
☑ 中 7 到 10 個：飽經風霜的上班族
☑ 11 個以上：無欲無求的機器人

/ 在職場飽經風霜後的心境轉變 /

去到要排隊才能吃到的
知名人氣餐廳時

哇，這家店一天賺多少啊？
真羨慕老闆的兒女！

走在路上意外看到
很棒的東西時

為了做出這個，
一定是有人爆肝了吧。

週末跟朋友約在
公司附近時

對所有上班族來說，
這已經是對公司表達出最極致的善意

請了一天特休時

在平常日的白天出門，
意外發現滿多人不用上班的，
難道只有我累得跟狗一樣？

觀賞描寫職場生活的
連續劇時

先不管拍得好不好，
下班還看這些根本是自虐。

禮拜六傍晚

看到樂透頭彩金額的我想著：
這筆錢可以買幾棟台北的房子呀？
好想趕快辭職……

/ 偷窺工作狂的腦袋 /

洗澡洗到一半，腦中突然浮現跟工作有關的靈感時：

工作狂	一般人
天哪我的頭腦好棒棒！ 洗澡時居然還能想到！ 連我自己也覺得這個有夠讚的！	為什麼在公司就想不到啊？ 一定是因為老闆給的壓力太大了！ 回到家還要工作感覺很糟欸ＱＱ

平常要花上三個小時的工作，居然只花三十分鐘就解決時：

工作狂	一般人
今天工作特別順利耶！ 高效率就是高能力呀！ 照這情況，明年可以升了吧？	為什麼我平常要花三個小時啊？ 覺得哪裡怪怪的…… 是不是我漏掉了什麼？

路上沒塞車，比平常早十分鐘進公司時：

工作狂	一般人
我好像是公司裡面最勤勞的人！ 距離下班還有很多時間（得意） 太棒了、我超棒！	早知道會這樣就多睡個十分鐘再來！ 後悔死了！ 遲到前打到卡就好了啊～

/ 上班族之當你離開的時候 /

1 跟我最熟的同事突然要離職的時候
你離職之後我要跟誰吃飯、跟誰聊天啦？

2 比我晚一年進來的後輩去到更棒的公司時
在他準備離職的期間我又做了什麼呢？

3 隔壁同事被挖角的時候
我這灘死水大概連釋迦牟尼都救不了我

4 很照料我的前輩要離職的時候
（彷彿成了失去母親的離鳥）嗚嗚～

5 工作能力強的高階主管閃電離職時
什麼什麼！（交頭接耳）（竊竊窣窣）

/ 上班族年底的生理時鐘 /

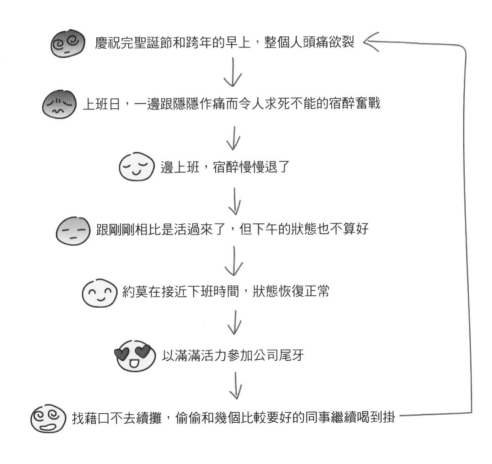

慶祝完聖誕節和跨年的早上，整個人頭痛欲裂

上班日，一邊跟隱隱作痛而令人求死不能的宿醉奮戰

邊上班，宿醉慢慢退了

跟剛剛相比是活過來了，但下午的狀態也不算好

約莫在接近下班時間，狀態恢復正常

以滿滿活力參加公司尾牙

找藉口不去續攤，偷偷和幾個比較要好的同事繼續喝到掛

/ 拯救上班族的奇蹟思考法 /

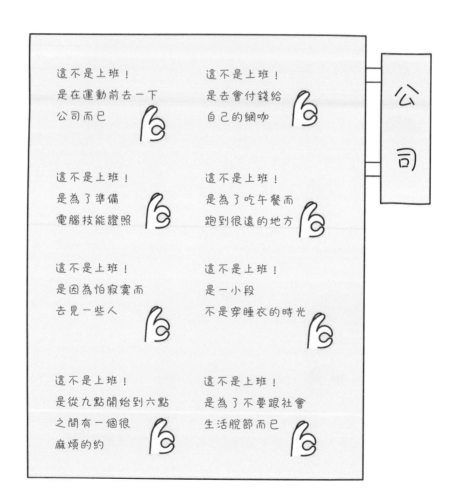

這不是上班！
是在運動前去一下
公司而已

這不是上班！
是去會付錢給
自己的網咖

這不是上班！
是為了準備
電腦技能證照

這不是上班！
是為了吃午餐而
跑到很遠的地方

這不是上班！
是因為怕寂寞而
去見一些人

這不是上班！
是一小段
不是穿睡衣的時光

這不是上班！
是從九點開始到六點
之間有一個很
麻煩的約

這不是上班！
是為了不要跟社會
生活脫節而已

公司

/ 薪水入帳但還是沒錢的原因 /

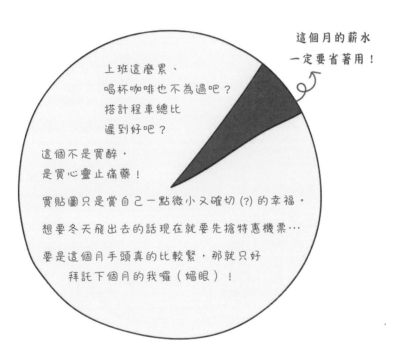

這個月的薪水
一定要省著用！

上班這麼累、
喝杯咖啡也不為過吧？
搭計程車總比
遲到好吧？

這個不是買醉，
是買心靈止痛藥！

買貼圖只是賞自己一點微小又確切 (?) 的幸福。

想要冬天飛出去的話現在就要先搶特惠機票…

要是這個月手頭真的比較緊，那就只好
　　　拜託下個月的我囉（媚眼）！

/ 公司裡那些煩死人的小事 /

要掛員工通行證才能進出

不時整理電腦桌面

夭壽遠的洗手間

吃完午餐後還得回公司

丟咖啡杯

信件結尾要寫上「非常感謝您」

丟廚餘

要換成室內拖

等候 Windows 系統更新

/ 上班族出現這些症狀？你該休假了 /

1 不記得今天天氣

2 發呆不動的日子變多

3 嚴重國外旅遊上癮

4 沒力氣認識新朋友，
跟熟人見面也很有壓力

5 覺得週末一直睡也怪怪的

6 但也不想嘗試新活動

7 工作以外的記憶全數喪失

8 開始自我懷疑

/ 上班族超有感的藏頭詩 /

老了的改變就是發現
鳥人鳥事不過是日常

會開完、傷和氣
議（一）個戰友都沒有

新同事、老同事
人可靠的一個都沒有

帶完新人
人際關係不一定會變好

月底來了
薪水消失了

年復一年
資歷換算薪水就像海市蜃樓

出去買晚餐吧！今天也要
勤快地加班呢～

下了班請把自己的身心
班（搬）回家

/ 上班族絕對會鍛練的肌肉 /

不是打瞌睡是在充電
呼嚕呼嚕肌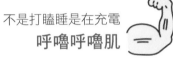

時常幻想著斜槓的方法
斜方肌

每個月一次的發薪日
撲通撲通肌

出門就想掉頭、不想出
頭、有喝手搖的癮頭
三頭肌

老闆已經訓話兩小時
我忍我忍肌

好不容易背起來的只有
年終獎金的計算方式
背肌

上班究竟為誰辛苦為誰忙
熱情熄滅肌

/ 以為到了三十歲就會成為帥氣的大人 /

我就要三十歲了

二十歲時，我曾覺得「三十歲」是了不起的年紀

我以為自己來到三十歲時

應該正在計畫著結婚

當然也已經有房有車

在公司，做起事來精明能幹

會是這種帥氣的傢伙

然而實際來到三十歲

除了每個月固定進帳的薪水以外

我跟二十歲的大學生時期相比似乎毫無改變

好不容易擺脫了運動服，穿上了套裝

又因為工作繁忙而有一餐沒一餐

到了週末又因為太疲累而忙著報復性睡眠

不論做什麼都東不成西不就

三十歲，就在我懷疑「這樣下去也可以嗎？」的此刻

意外地從許久不見的學長那邊聽到了：

「一直穩定地上著班，這本身就已經很厲害了。」

這段話是如此鼓舞我、帶給我勇氣

搞不好那些針對我的指責

到最後也只是我自以為的而已

已經三十歲的我，雖然不是帥氣的大人

也已經很棒了

不是只有有了一番事業成就的人

才是帥氣的大人

平凡過活的上班族

也有各自帥氣的一面

未來，如果遇見和我同樣迎接了三十歲的人們

比起給予太過現實的建言

我更想要這樣鼓舞他：

「你已經做得很棒了，未來也肯定可以做得很棒！」

/ 一個也好，多希望有同事跟我聊得來 /

沉重的職場生活中

能讓我鬆口氣的片刻

只有在跟合得來的人聊天時

「原來不是只有我這麼累啊！」

「他真的很奇怪欸！」

「對啊，當時超好笑的～」

是能笑著吵吵鬧鬧的關係

在不知不覺間，自己也被安慰了

獨自一人面對時，記憶會化為傷痕

如果能和他人傾訴，痛苦就會成為過眼雲煙

或許你也聽過這樣的告誡：

「上班好同事，下班不認識。這樣比較安全。」

然而當我被上司責罵時

以擔心的目光看著我的同事

我們之間無需多言

也能理解現況、感同身受

光是這一刻，也足以讓我對這個人付出真心

連多年的摯友、家人都不明白我的現況
但同事能體諒我、關心我

如果我不去珍惜如此付出的人

那我到底還能珍惜誰呢？

雖然週末時彼此不會聯繫

雖然並不熟知彼此的大小私事

但這個人，也是我珍貴的朋友

/ 禮拜一上班時，突然喘不過氣來 /

原本走在上班路上還沒事

一如往常地起床、換衣服、抓起包包

搭上公車，經過熟悉的路線

那天到公司坐下之後，問題就來了

在整理本週工作事項、確認信件的瞬間，問題就來了

我忽然喘不過氣來

如果五十分鐘內沒有收到客戶的回信

就要打電話請對方確認

組長突然交辦了下午之前得完成的工作

明天還得開連三場的會議

又有一個期限是後天早上的工作塞了進來

好想逃跑。

清空再清空，卻依舊蜂擁而來的待辦事項
就像是遊戲裡砍了又砍、還是立刻復活的怪物

我試著深呼吸

此時出現了新信件通知

之前一直在等的回信來了

內容是「確認完畢，不需修改，請繼續進行」

接著我打開另一封信

組長交辦的工作，原來比想像中簡單

早上就能完成

這樣下午就可以把期限是後天早上的工作先完成

太好了。

所謂工作就是，無論如何都會過去的事

往壞的方向去也好，往好的方向去也好，都會過去的

而一天也就結束了

至於週末，也必定會到來

所以不必太過憂慮
賣力工作到禮拜五為止
一切都會過去的。

附錄

夾帶檔案

職場能力

/ 上班族加班等級 /

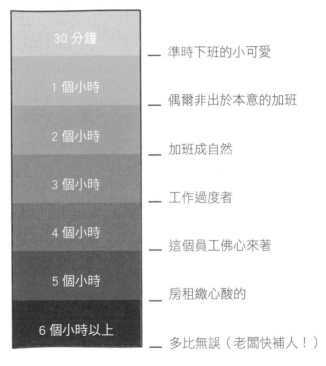

（平均加班時間）

30 分鐘	— 準時下班的小可愛
1 個小時	— 偶爾非出於本意的加班
2 個小時	— 加班成自然
3 個小時	— 工作過度者
4 個小時	— 這個員工佛心來著
5 個小時	— 房租繳心酸的
6 個小時以上	— 多比無誤（老闆快補人！）

/ 用生日占卜今年的工作運 /

生日月份

一月　在辦公室內

二月　在午餐時間

三月　在上班途中

四月　休假的時候

五月　下班前五分鐘

六月　週末的時候

七月　在組長面前

八月　在聚餐時

九月　在研討會上

十月　在上班時間

十一月　在電梯裡頭

十二月　在下班路上

生日日期

1 號　被加薪了		16 號　做簡報
2 號　偷罵人被發現了		17 號　被叫出去了
3 號　被指派工作了		18 號　電腦關機了
4 號　加班		19 號　突然有空了
5 號　下班了		20 號　獲得獎金了
6 號　被稱讚了		21 號　離職了
7 號　升遷了		22 號　有人要挖角我
8 號　放屁了		23 號　發現錯字了
9 號　摸魚被發現了		24 號　提早下班了
10 號　享受眾人的吹捧		25 號　犯錯了
11 號　挫屎		26 號　便秘了
12 號　談起辦公室戀情了		27 號　想到新點子了
13 號　辭職了		28 號　吃零食
14 號　讓老闆很滿意		29 號　撿到錢了
15 號　瘦下來了		30 號　打開筆電了
		31 號　被減薪了

/ 離職前絕對要評估的事 /

- 離職是為了想嘗試看看不同的體驗？ ✖

- 現在的上司是每天都在講鬼話的傢伙嗎？ ⭕

- 公司是不是經常遲發薪水？ ⭕

- 開始上班後，是否連一分鐘都不曾覺得幸福？ ⭕

- 手頭還算滿寬裕的？ ⭕

出去的門在那邊 ✈ ✈

/ 出現這些訊號表示你該辭職了 /

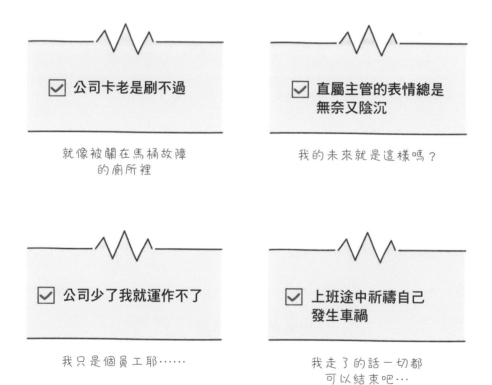

☑ 公司卡老是刷不過

就像被關在馬桶故障
的廁所裡

☑ 直屬主管的表情總是
無奈又陰沉

我的未來就是這樣嗎？

☑ 公司少了我就運作不了

我只是個員工耶……

☑ 上班途中祈禱自己
發生車禍

我走了的話一切都
可以結束吧…

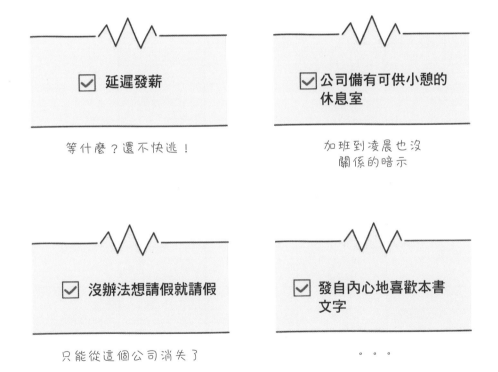

☑ 延遲發薪

等什麼？還不快逃！

☑ 公司備有可供小憩的
休息室

加班到凌晨也沒
關係的暗示

☑ 沒辦法想請假就請假

只能從這個公司消失了

☑ 發自內心地喜歡本書
文字

． ． ．

/ 很難不連成一線的辦公室賓果 /

發現打瞌睡的同事	聽到笑聲	前一晚喝多而沒睡好的人出現了	不買手搖、不訂手搖很痛苦	發現同事去洗手間遲遲沒回來
帶著恨意敲打鍵盤聲	電話只響一聲就立刻接起來	物流人員出現	打開零食包裝的聲音	乾咳聲
肚子咕嚕咕嚕叫	有人嘗試說冷笑話	等退休的阿伯級員工打卡下班	電話響了但沒有任何人要接	聽見手機震動聲
急件快遞員出現	聽到原子筆掉在地上的聲音	「LINE～」通知聲	有人遲到了	「謝謝您」
有人大聲講私人電話	「好的、好的」	拖著拖鞋走路	不小心掛電話掛得太大力	打噴嚏聲

今天連成了幾條線呢？

/ 近年職場上倚老賣老的表現 /

✓ 自己也知道自己算是公司內部的「老人」

✓ 但誤以為自己應該還不錯受歡迎

✓ 會把很普通的伴手禮大方分給新人吃

✓ 以為分享食物大家就會很開心

✓ 很喜歡開玩笑但玩笑很無聊

✓ 心情還不錯的時候，也會問問新人的意見

✓ 但問完之後還是按照自己的意思去做

✓ 平常很愛把「進修學習很重要」掛在嘴邊

✓ 但有人桌上出現跟工作無關的東西時，又要找人家麻煩

/ 職場老油條心態測試 /

☑ **希望所有事情都照我的意思進行**

請回想看看，是不是習慣把自己的意見硬塞給別人，
或是固執己見呢？

☑ **最近常常覺得身邊的意見越來越少**

最近是不是很習慣單方面地指示下屬，
或是不願意承認自己也可能出現失誤呢？

☑ **我懂的東西比你們吃過的米還多**

是不是周圍同事和下屬都很謙虛，
但你偶爾會不懂還裝懂呢？

☑ **會省略工作上的許多步驟**

最近自己是不是忘了體貼跟尊重他人，
導致周遭的人對你避之唯恐不及呢？

☑ **想發怒就發怒，毫不掩藏情緒**

請想想看，自己是不是常常煩躁、發怒，
甚至還牽連到其他人、破壞了工作氣氛呢？

/ 公司請頒獎給這些上班族 /

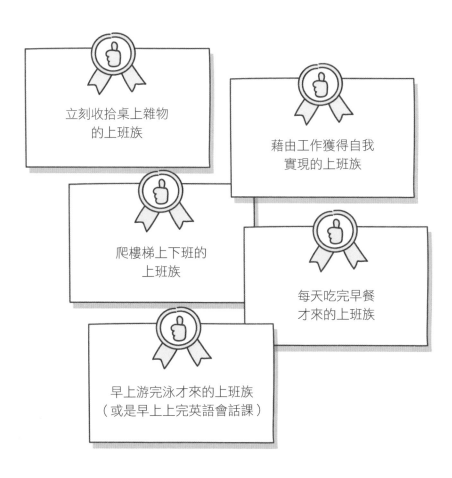

立刻收拾桌上雜物
的上班族

藉由工作獲得自我
實現的上班族

爬樓梯上下班的
上班族

每天吃完早餐
才來的上班族

早上游完泳才來的上班族
（或是早上上完英語會話課）

/ 午餐時間的終極二選一 /

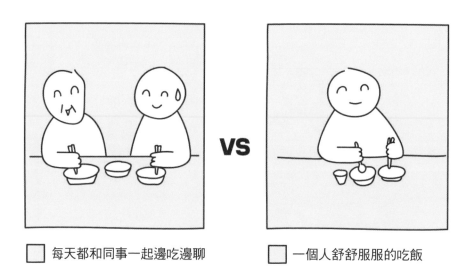

☐ 每天都和同事一起邊吃邊聊　　☐ 一個人舒舒服服的吃飯

/ 世界末日也不怕的超級上班族 /

- 聚餐續攤到第三輪,隔天還能準時上班

- 連續加班五天也覺得沒問題

- 結束工作後還去健身房

- 一回到家就打掃房子、煮飯

- 出國旅遊搭紅眼班機回國,然後接著上班

- 外出開了兩個會,然後晚上還去赴約

一般人光結束禮拜一就耗盡體力

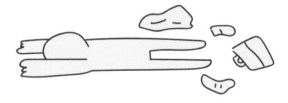

/ 非得要挑一個位子坐的話 /

210

1 **走道座位**
每當有人經過時就要繃緊神經
非常令人抓狂的位子

2 **容易被主管搭話的座位**
今天工作感覺要做不完了
到底是講完了沒啦

3 **組長看得一清二楚的座位**
混水摸魚時心臟都會怦怦跳呢

4 **冷氣下方座位**
乾燥寒冷的西伯利亞地區

5 **經理會搶零食來吃的座位**
要不要把零食借放別人那？

6 **隔壁同事打字聲很吵的座位**
噠噠噠噠
咔咔咔咔

7 **會聞到燒肉味的座位**
座位靠近落地窗，不時聞到樓下餐廳的烤肉香
啊嘶～～～

/ 上班族個人偏好終極二選一 /

洗頭

早上洗頭 晚上洗頭

討厭頭髮　　　想要睡
亂翹　　　　　晚一點

使用滑鼠滾輪

食指 **VS** 中指

慣用食指　　　用中指
最好用　　　　方便又快速

請半天假

不吃中餐立刻走人 **VS** 吃完中餐姍姍離開

吃什麼飯　　　飯是一定要
逃命要緊　　　準時開吃的

大眾運輸系統

公車 捷運

雖然路況難測，
但搭車同時還能
看看窗外的風景

雖然很擔心捷運擠
爆，但不太會有突
發狀況、較為安全

睡前洗澡

越快越好 越晚越好

反正都要洗，
咻咻地洗完然後
舒服地睡去吧

反正都要洗，
能拖多晚
就拖多晚

工作生活平衡

平常日加班  週末工作

就算平常日的晚上會白白飛走
但至少要守住一刻千金的週末

就算週末要花點時間工作
還是執意享受每天能準時
吃晚餐的生活

/ 上班族限定的數學問題 /

為明年做準備！

請在方框內填入數字，加總要在 20 以內

加薪　□ ×3000 元

睡眠　□ 小時／日

年假　□ 天

這算什麼奢侈的煩惱啊。

上班族可以分成兩種

☰ 信件	
📥 收件匣　1246	☐
➤ 寄件備份	☐
✏ 草稿	☐
🗑 垃圾桶	☐
	☐
	☐

一種是能忍受未讀信件的人；
一種則是完全無法忍受的人

人際關係

/ 用主管來看你的貴人運 /

「主管」的定義：職場上會折磨下屬的前輩

「下屬」的定義：遊手好閒或認真工作的後輩

沒有重疊到的業務，
頂多一起吃個飯的主管

沒有比這個還輕鬆的關係了

從頭到尾管好管滿的主管

但……也太過度關心了（汗）
❤❤❤♡♡

出問題就推給我的主管

專長是推卸責任
❤♡♡♡♡

只活在自己世界的溝通障礙型主管

不對話也無妨，我們就各自美麗吧

絕對公私分明、講話剛正不阿的主管

雖然講的都沒錯啦，
但偶爾實在讓人覺得很煩呢
❤❤♡♡♡

工作能力不佳的主管

會閃避各種需要進一步說明的機會

/ 感受到同事愛的時刻 /

同事察覺我的外表
有所變化的時候

連我媽都看不出來的霧眉、
補染，還有修瀏海！

欸？你是不是有修一點點瀏海？

同事認真追蹤我 FB 或
IG 的時候

常常幫我的臉書按讚，
還有大方幫我按愛心！

「按讚」「訂閱」「開啟小鈴鐺」

協助我業務的時候

幫忙 cover 遲到！
幫忙截稿日的衝刺！

「欸，想請你吃個飯」

認真傾聽我煩惱的時候

和我一起煩惱、
陪我一起痛罵！
「還不都是因為部長
那個王八蛋！」

偷偷塞給我零食的時候

我的辦公桌跟體脂肪
被無微不至塞得滿滿的

看著我笑的時候 ♥

這就是同事愛吧～

/ 上班族跟朋友漸行漸遠的原因 /

朋友都找到工作了
只有我還是待業中

因為朋友老是聊
工作上的事

朋友 A　我跟我那個同事吼

朋友 B　現在這間福利真的讚

因為在意的事情變得不一樣了
聊天內容也無法談得深入

· · ·

因為年薪等級不同了
覺得一起出去玩變得有負擔

欸跟你說！有一
間酒吧超讚！
是會員制哦～

朋友去了外縣市工作

只能祝他一切
平安順利了……

朋友結婚生子

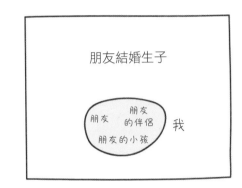

就只是因為我厭倦了
比較年薪的聚會了

/ 同事做到這樣就可以了啦 /

雖然會乖乖參加同事的結婚典禮
但沒有合照就回去了

不用喔照片這個部分就不用了
我人有到哦，你有看到我就好

雖然不會缺席聚餐
但吃完第一攤就回家了

今天的聚餐敲開心！
不過我有事要先回去囉！

雖然每天都跟大家一起吃午餐
但因為話太少，存在感近於零

其他人都在聊天的時候
我都在想別的事

上班好同事
下班不認識

要是同事覺得我在裝熟
也不太好

在 Instagram 上會按♥
但不會留言

「q-qloveyou 說你的貼文讚」

大家聚在一起的時候話很多
兩人單獨相處時沒話說

（額……好乾）

要去開會的日子穿成女王陛下
沒有開會的日子就是個魚干女

經理今天要去哪個高級餐廳？
沒有啦～只是要開會～

部長在 LINE 上講了冷笑話
我面無表情輸入：
哈哈哈哈哈哈

/ 在公司感到孤單的時刻 /

團隊裡只有我是二十多歲的人……

雖然待在同一處聊天
但常有彼此溝通不良的情形

講到搞笑的話題也是
不但要解釋流行語、還要說明由來

應該是從那時候開始的吧？
覺得跟公司內話少的人比較合得來……

逃避現實

/ 面試時如果老實說…… /

為什麼會想來應徵呢？

我怎麼可能從小就對行銷有興趣，我在意的只有錢，聽說你們公司薪水給很高嘛！所以我就來碰碰運氣囉！

請描述您的成長背景。

我生長在父母偶爾會吵架的家庭，人生一路走來，別無所求，只希望能趕快找到工作證明我還有用。

說說看你的優點吧！

怎麼想都想不到耶，雖然我自傳寫說我超級正向又熱情，但其實算是出口成「髒」又懶惰的類型唷。

請說說看你有什麼缺點。

個性優柔寡斷、有選擇障礙、週末不洗澡。

請描述您做過最瘋狂的事。

為了追歐巴而翹課、
因為玩遊戲熬了一整夜、
除此之外對於晚睡、吃宵夜、
逛網拍等也熱情滿滿喲。

請描述您對這個職務內容的了解。

我真的急著找工作，雖然不太
清楚我到底在大學學到了什
麼，只求能面試通過，我會努
力的！現在對你們公司也有基
本的一些認識了啦！

請舉出您最得意的戰蹟。

跟別人組隊玩遊戲的時候啊，
我都是撿尾刀，補最後一槍殺
死 BOSS 那種。真的有夠爽！

進公司之後的目標是？

就盡全力當一個薪水小偷囉！
（手指愛心）

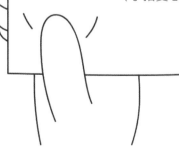

/ 用鈔票擦去淚水的方法 /

漫長孤寂的夜晚，
我看著 27 樓的百萬夜景，
只想留淚。

———

不想再過天天出差的生活，
但在薪水金字塔頂端的我，
也只能用鈔票去擦眼淚了。

———

被客戶氣到時，
就拿起手邊的愛馬仕狠摔在地，
嗯，老娘沒事。

———

壓力大、沒胃口怎麼辦？
就去寒舍艾美一樓吃 Buffet，
但我大概吃一盤就差不多飽了。

聖誕節變成了加班夜，
雖然感覺對歐巴很抱歉，
「寶劍，明晚再相見」。

———

活著真的好難受，
在百貨貴賓室提著十袋戰果，
職場的滿腹心酸該跟誰說？

———

帶著給大客戶的謝禮，
我轉著施華洛世奇的原子筆，
只想永遠掰掰再也不理你。

———

說著中樂透彩也沒什麼了不起，
我正躺在君悅酒店的 SPA 床上，
給人馬殺雞舒服到心花怒放。

/ 上班族新年新希望 /

躺下不到 5 分鐘
就能呼呼大睡

鬧鐘一響
就能立刻起床

不論灌再多酒
隔天都不會宿醉

整個週末趴趴走
依舊精力充沛

不論周圍再怎麼吵雜
還是能全神貫注

每天順暢排便
（耶～）

/ 如果貓咪變成公司裡的神隊友 /

cover 我遲到

幫我泡咖啡

幫我寫報告

幫我整理桌面

提供零食給我

喊我準時下班

用飛拳揍擺老同事

代替我去開會

/ 上班族最想聽到的話 /

> 66
> 已經千萬年薪了呢
> 雖然對你很不好意思
> 但沒辦法再幫你加薪了
> 99

> 66
> 錢賺這麼多
> 你人也變了
> 99

> 66
> 這是我這輩子頭一次看到
> 這麼出色的提案
> 99

> 66
> 我們誠摯邀請您來敝社
> 薪水隨您開
> 99

> 66
> 要領樂透頭獎獎金的話
> 請到二樓喔
> 99

> 66
> 喂您好，我這邊是○○房屋
> 請問您是屋主嗎？
> 99

> 66
> 各位，公司從下禮拜開始
> 改成週休三日制
> 99

> 66
> 董事長早！
> 99

/ 放完連假以後上班族的腦內 /

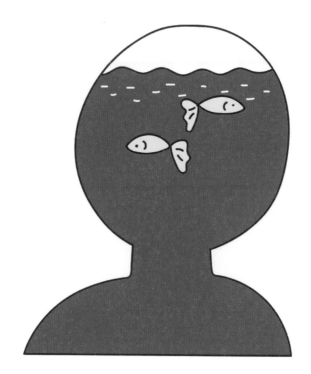

我沒有任何想法，
為什麼？因為我腦子進水了啊。

/ 上班族心之俳句 /

再見！
再見！
老闆叫我要過得開心點，
所以我就回家啦。

－上班族の耍廢不過日常

我廢，故我在。

一上班族樸實無華的一天又過去了

可以明天再做的事，
不是今天該做的事。

－在公司沒有真心想做的事

明天一定會更好，

這句話週五限定。

－上班族不小心就說出口的真心話

我 要 中 樂 透 ！！！

一開始幻想如何使用頭彩獎金的上班族

後記

「也沒有什麼啦，但還滿好笑的。」

上班族的一天其實都大同小異。

上班→咖啡→午餐→加班→下班然後又上班。滿無聊的。

自己一個人的話就會這樣想吧？

但要是有人跟你感同身受，就會變得好笑。

上班族的「好喔」跟「好的～」有什麼不同？

為什麼週末最不想吃的就是便當？

這些問句的答案，上班族都了然於心。

「職場來日」就是想把上班大小事拿出來跟大家一起鬧一起笑，

與其每天負能量，不如練好廢活量，

用「我就廢」精神，迎接每一個「人生好難」的瞬間！

台灣廣廈 國際出版集團
Taiwan Mansion International Group

國家圖書館出版品預行編目（CIP）資料

上班就是要練廢活量：不廢一點怎麼多上一天班？《ㄢ、意滿滿職場療癒廢文集/
職場來日 作. -- 新北市：蘋果屋出版社有限公司, 2021.04
面；　公分. -- (心發現；9)
譯自：그냥 다니는 거지 뭐
ISBN 978-986-99728-9-5(平裝)

1.自我實現 2.生活指導

177.2　　　　　　　　　　　　　　　　　　　　110002242

APPLE HOUSE

上班就是要練廢活量
不廢一點怎麼多上一天班？《ㄢ、意滿滿職場療癒廢文集

作　　者／職場來日　　　　編輯中心編輯長／張秀環
翻　　譯／林坤　　　　　　編輯／彭文慧
　　　　　　　　　　　　　封面設計／林珈伃・內頁排版／菩薩蠻數位文化有限公司
　　　　　　　　　　　　　製版・印刷・裝訂／東豪印刷有限公司

行企研發中心總監／陳冠蒨　　媒體公關組／陳柔彣
　　　　　　　　　　　　　　綜合業務組／何欣穎

發　行　人／江媛珍
法 律 顧 問／第一國際法律事務所 余淑杏律師・北辰著作權事務所 蕭雄淋律師
出　　版／瑞麗美人
發　　行／蘋果屋出版社有限公司
　　　　　　地址：新北市235中和區中山路二段359巷7號2樓
　　　　　　電話：（886）2-2225-5777・傳真：（886）2-2225-8052

代理印務・全球總經銷／知遠文化事業有限公司
　　　　　　地址：新北市222深坑區北深路三段155巷25號5樓
　　　　　　電話：（886）2-2664-8800・傳真：（886）2-2664-8801
郵 政 劃 撥／劃撥帳號：18836722
　　　　　　劃撥戶名：知遠文化事業有限公司（※單次購書金額未達1000元，請另付70元郵資。）

■出版日期：2021年04月
ISBN：978-986-99728-9-5　　　　版權所有，未經同意不得重製、轉載、翻印。